Schirner
Verlag

Sandra Waldermann-Scherhak

Spirituelle Herzheilung

Entdecke und heile den heiligen Raum deines Herzens

Schirner Verlag

ISBN 978-3-8434-5114-7

Sandra Waldermann-Scherhak:
Spirituelle Herzheilung
Entdecke und heile den heiligen
Raum deines Herzens

Umschlag: Murat Karaçay, Schirner,
unter Verwendung von # 37656340
(Eky Studio), www. shutterstock.com,
#2162102 (Gokce Goksel Buyuker),
www.fotolia.de
Satz: Anke Brunn & Katja Hiller, Schirner
Redaktion: Claudia Simon, Schirner
Printed by: Ren Medien GmbH, Germany

www.schirner.com

1. Auflage Juni 2015

Inhalt

Fühle den wahren Reichtum in dir,
den dir dein spirituelles Herz offenbart.
Erfahre, dass du ein unendlicher Teil
der universellen Liebe bist.
In deinem Herzen ist Liebe!
Du BIST Liebe ...

Vorwort

Viele Menschen sehnen sich nach Verbundenheit und streben mehr denn je danach, das Gefühl des Einsseins zu erleben. Dennoch gelingt es nur wenigen, offen und mitfühlend aufeinander zuzugehen. Warum ist das so?

Viele Menschen haben den Kontakt zu ihrem Herzen und ihren wahren Gefühlen verloren. In unserer Gesellschaft, in der wir ständig funktionieren müssen und unser Wert fast ausschließlich anhand erbrachter Leistungen und dem, was wir darstellen oder besitzen, gemessen wird, haben wir verlernt, auf unsere wahren Gefühle zu hören. Der Verstand hat sozusagen die Herrschaft übernommen und ist somit zu einem Antreiber geworden, der uns eher schadet als dient.

Der Verstand will alles kontrollieren, analysieren, vorausberechnen – ja, uns regelrecht bewachen und lenken. Er meint, er könne uns vor Unheil bewahren, indem er uns gegen das (vollständige) Fühlen abschottet. Zudem glaubt er, das Unvorhersehbare berechnen und erahnen zu können, und er tut alles Mögliche, um eine eventuelle Katastrophe frühzeitig zu erkennen und sie somit rechtzeitig abwehren zu können. Wenn wir unsere Welt und ihre Geschichte betrachten, ist das sogar mehr als verständlich, weil der Mensch viel Leid und Verluste durch Krieg und Kampf erfahren hat. Der Verstand hat sich dahin gehend entwickelt, dass er ständig versucht, sich einzuschalten, um uns vor weiteren Verletzungen und Kontrollverlusten zu schützen.

Durch die Überbetonung des Verstandes haben wir Menschen den Kontakt zu unserem Herzen verloren, die Tür zu unserem Herzen ist sozusagen verschlossen. Das Herz ist jedoch wichtig, wenn es um Liebe, Wärme, Anerkennung und Zuneigung geht – egal, ob wir diese geben oder annehmen möchten.

Der Mensch ist ein soziales Wesen, und wenn es irgend möglich ist, dann vermeidet er Trennung und Isolation, denn er möchte sich selbst als festen und wichtigen Teil einer Gemeinschaft erfahren. Die Angst vor dem Alleinsein ist in vielen Menschen tief verankert – sei es aufgrund von traumatischen Erfahrungen in der Kindheit, einer schmerzhaften Trennung oder dem Gefühl, von der Familie, einer Gruppe etc. ausgeschlossen zu sein.

Wir dürfen endlich beginnen, unsere alten Herzenswunden zu heilen und unser Herz neu zu öffnen, um wahre Verbundenheit zu erfahren, die uns inneres Wachstum, Wohlbefinden und Gesundheit schenkt. Körper, Geist und Seele können durch unser spirituelles Herz genährt und in Einklang gebracht werden. Alles, was wir dazu brauchen, sind Offenheit, Neugier und die liebevolle Annahme unser selbst. Egal, was wir denken und fühlen und wie wir aufgrund unserer Gedanken und Gefühle handeln – ich behaupte, dass jeder sein Bestes gibt, jede Situation so gut zu meistern , wie er nur kann! Unser Verstand bewertet, nicht aber unser Herz. Das Herz ist gütig, großzügig, es nimmt an, es lässt geschehen, es lässt los, es lässt sein, es kann sich hingeben und genießen. Wenn wir im tiefen Kontakt mit unserer Herzenergie sind, dann stellt sich ein überwältigendes Gefühl von Frieden und Freiheit ein.

- Jeder Mensch bringt eine besondere Gabe mit in dieses Leben.
- Jeder trägt die Gabe zur Selbstheilung in sich und kann diese jederzeit nutzen.
- Jedes Lebewesen hat das Recht, ein glückliches und heilsames Leben zu führen.

Einleitung

Ein wunderschöner Weg in die Freiheit ist der Weg in das spirituelle Herz. Aus dem Herzen erwächst die Liebe, sie ist unendlich und immer da. Du kannst dich jederzeit der Liebe als deiner natürlichen Herzenskraft bedienen. Wenn du alle deine Fähigkeiten, Stärken und Talente achtest, wirst du sehen, dass der Erfolg von ganz alleine kommt.

Du brauchst nicht danach zu streben, perfekt zu sein, denn du bist es längst! Sobald du anerkennst, dass du bereits vollkommen und in perfekter Art und Weise (vom Universum als Gedanke) erschaffen wurdest, bevor du als Mensch hier zur Welt gekommen bist, hast du deine eigene Göttlichkeit erkannt. Du kannst dich jederzeit mit deinem reinen, göttlichen Kern und der Weisheit deines Herzens verbinden.

Sei fröhlich, offen und mitfühlend mit dir, mit anderen und der Welt. Wisse, dass das, was du aussendest, in vollem Maße zu dir zurückkommt. Befreie dein Herz jetzt von allen alten Begrenzungen. Indem du alle Begrenzungen in Liebe auflöst, kann es zu deinem Wohle wachsen. Dein inneres Licht wird leuchten und in die Welt strahlen – zu deinem eigenen Wohle und zum Wohle aller anderen. Die Menschen werden dich anders wahrnehmen, weil sie deine innere Wahrheit erfahren und dich so wahrnehmen können, wie du wirklich bist. Sie spüren, dass du im Herzen angekommen bist, dass du die Wahrheit deines Herzens lebst, und so wird es in deinen zwischenmenschlichen Beziehungen auch keine Täuschung und somit auch keine Enttäuschung mehr geben. Weil du bist, wie du bist, und aufgehört hast, dich zu verstecken oder Teile von dir zu verbergen. Wenn du dich selbst so annimmst, wie du bist, dann werden dich auch die anderen so annehmen können, wie du bist! Es ist die pure Freiheit, sich so zu zeigen, wie man ist. Und wenn du Freiheit in dir trägst, ziehst du auch im Außen Freiheiten in dein Leben!

- Mögen alle Verletzungen, die dein Herz jemals erfahren hat, jetzt sanft und vollständig geheilt werden.
- Mögest du neues Vertrauen entwickeln können, um dein Herz für neue Erfahrungen zu öffnen.
- Mögen die deinem Herzen innewohnenden Wünsche und Sehnsüchte entdeckt werden und in Erfüllung gehen.
- Beginne immer bei dir selbst, öffne und spüre dein Herz, und gib die ihm innewohnende Kraft und Liebe dann an andere Lebewesen weiter – sende sie in die ganze Welt!

Fühle dich dazu eingeladen, das Buch mit der Stimme deines Herzens zu lesen.

Das spirituelle Herz und seine Heilung

*»Das Herz besitzt eine eigene Intelligenz,
es verfügt über Wissen und Weisheit.
Die Menschen täten gut daran,
die Stimme des Verstandes verstummen zu lassen,
um der Melodie ihres Herzens zu lauschen!«*

Warum verschließen wir unser Herz?

Sein Herz wieder vollständig zu öffnen ist ein großer Wunsch und die tiefe Sehnsucht vieler Menschen. Jetzt ist es an der Zeit, dass wir Menschen uns füreinander öffnen, uns einander annähern, damit wir uns miteinander verbunden fühlen können.

Viele Menschen haben durch schmerzhafte Erfahrungen den Zugang zu ihrem Herzen und seinen Fähigkeiten verloren. Wenn wir Kummer und Leid erfahren, verschließen wir unser Herz – einfach deshalb, weil wir uns bedroht fühlen und uns vor noch mehr Schmerz schützen wollen.

Viele Menschen tragen ein verletztes Herz oder ein gebrochenes Herz in sich, doch nur wenigen ist diese Tatsache bewusst. Die ersten Verletzungen entstehen meist schon in frühen Jahren, also noch bevor unser Verstand angemessen verarbeiten und einordnen kann, was gerade passiert. Je unbewusster uns diese Zeit ist, desto stärker beeinflussen sie

unser Leben und unsere Befindlichkeit heute. Diese traumatischen Erfahrungen hinterlassen tief gehende Verletzungen, die sich in den Körper und die Seele eingebrannt haben.

Als Kind oder auch Jugendlicher konnten wir meist nicht mit diesen Wunden umgehen, nicht mit ihnen fertig werden. Sei es, weil niemand da war oder weil wir nicht wussten, wem wir uns anvertrauen konnten. Die einzige Möglichkeit, die uns in dieser Lebensphase blieb, war, erst einmal alle unangenehmen, schmerzhaften Erfahrungen, die Bilder, die Gefühle und auch die Körperempfindung, in eine Schublade zu packen, sie zu verdrängen. Aber damit war der Schmerz nicht verschwunden, die Ursache nicht behoben. Und so schlummerten diese Erfahrungen über Jahre und manchmal auch über viele Jahrzehnte hinweg verborgen in uns. Sie blieben in unserem emotionalen Energiefeld bestehen und manifestieren sich.

Meist ist es so, dass diese alten Wunden aus der Vergangenheit irgendwann im Erwachsenenalter wieder aufbrechen. Der Auslöser dafür kann eine Begegnung, ein Gespräch, ein Bild, ein Film, ein Buch, ein Lied oder eine ähnliche Situation wie die, in der die Verletzung entstanden ist, sein. Oft geschieht das ganz plötzlich und unerwartet.

Unsere natürliche Angst davor, Schmerz und Leid zu erfahren, hindert uns daran, vollständig mit unserem Herzen und allen Gefühlen in Kontakt zu gehen. Doch kein Gefühl ist zu groß oder zu unwichtig, um nicht gefühlt zu werden. Jedes Gefühl, sei es positiv oder negativ, hat seine vollkommene Berechtigung. Somit verdient es jedes Gefühl, wahrgenommen zu werden und einen Platz in unserem Herzen zu bekommen.

Woran bemerken wir, dass unser Herz verschlossen ist?

»Ein verletztes Herz ist verschlossen – es fühlt sich isoliert, einsam und allein.«

Viele Menschen haben durch zahlreiche schmerzhafte Erfahrungen den Zugang zu ihrem Herzen verloren. Sie sind nicht in Kontakt mit der Energie ihres Herzens und haben somit auch keinen Zugang zu seinen Fähigkeiten. Ohne Anbindung an unser Herz können wir jedoch keine Liebe, keinen inneren Frieden und kein wahres Glück empfinden.

Durch die stark vom Verstand geprägte Gesellschaft haben wir vergessen bzw. verlernt, zu fühlen und in Kontakt mit unserem Herzen zu sein. Die Folge ist, dass wir uns hilflos, ausgeliefert und allein fühlen und häufig Momente der Verzweiflung, der Ohnmacht, der Trauer und der Wut erleben. Da wir diese Zustände nicht erleben wollen, versuchen wir, alle diese negativen Gefühle zu verdrängen oder zu verleugnen. Wir wollen sie nicht (wahr-)haben – sie sollen nicht existieren. Anstatt zu fühlen und wahrzunehmen, was gerade in uns ist, gehen wir in die Ablehnung. Dadurch bauen wir Widerstände in uns auf, es entstehen seelische Blockaden, die sich dann auch als Schmerzen in unserem physischen Körper widerspiegeln.

Wir leiden ganz besonders an unserer Vergangenheit

»Wenn wir achtsam den gegenwärtigen Augenblick betrachten, bemerken wir, dass in der Gegenwart die Vergangenheit wie auch die Zukunft enthalten sind. Wenn wir in diesem Moment unser Herz öffnen und bereit sind, Altes loszulassen und unseren Blick neu auszurichten, können wir augenblicklich beides verwandeln.«

Wir leiden an der Vergangenheit oder genauer gesagt an vergangenen Geschehnissen, mit denen wir nicht im Frieden sind. Wir entwickeln das Gefühl der Unzufriedenheit meist schon sehr früh in unserer Kindheit, nämlich dann, wenn wir meinen, etwas nicht zu haben, was andere aber haben. Wir erleben dieses Nicht-Haben als tiefes Gefühl des Mangels. Es fehlt uns etwas. Dabei ist es ganz egal, ob es um etwas Materielles oder um Fähigkeiten und Talente geht.

Hervorgerufen oder verstärkt werden kann dieses Gefühl des Mangels noch durch fehlende Zuwendung, Lieblosigkeit, Enttäuschungen, Zurückweisungen, Liebesentzug oder Strafen. Häufig erleben wir dann als Erwachsene Misserfolge und Niederlagen, scheitern in Beziehungen oder im Berufsleben. Wir beginnen zu leiden – aber letztendlich leiden wir nur an den negativen Erfahrungen in unserer Vergangenheit. Dieses Leiden drückt sich aus in Form von Gefühlen der Schuld und der Scham, der Unzulänglichkeit und der Minderwertigkeit, des Grolls und der Wut, der Verzweiflung, des Misstrauens, der Hoffnungslosigkeit, der Trauer oder der Angst. Das Leiden beruht auf der Sichtweise der Vergangenheit und wird ständig durch neue negative Gedanken noch verstärkt.

Wir können mit dem Leiden im Hier und Jetzt aufhören, denn niemand verlangt von uns oder zwingt uns dazu, das Leiden festzuhalten. Einzig und alleine wir selbst entscheiden, ob wir weiterhin leiden wollen oder nicht. Wir bestimmen nicht nur die zeitliche Dauer des Leidens, sondern auch die Intensität. Denn je mehr Energie wir in das Leiden stecken, desto größer wird es. Jeder Mensch entscheidet für sich, und nur er allein hält sich im Kreislauf des Leidens gefangen oder trifft die bewusste Entscheidung, aus dem Kreislauf auszusteigen.

Erst wenn wir unsere Vergangenheit heilen, können wir frei werden und ganz im Hier und Jetzt ankommen. Wir räumen sozusagen die Steine der Vergangenheit, die uns blockieren, beiseite und machen so den Weg frei für neue Erfahrungen. Wir öffnen uns für die Zukunft und erwarten nicht mehr dasselbe wie in der Vergangenheit. Wir sind offen, neugierig und gespannt auf das, was kommt. Weil wir uns von den Anhaftungen der Vergangenheit befreit haben, sind ein neues Denken, ein neues Fühlen und somit auch ein neues Handeln möglich.

Wir verändern unsere Sichtweise, und dadurch verändert sich automatisch auch unsere Haltung. Es entstehen Visionen und Wünsche, was uns wiederum ermöglicht, unser Handeln neu auszurichten. Wir erkennen, dass die alte Erfahrung vorbei ist. Wir machen uns bewusst, dass damals nicht heute ist. Wir gehen in Kontakt mit dem gegenwärtigen Moment und bemerken, was gerade wirklich ist. Zu akzeptieren, dass wir in der Vergangenheit Leid oder Schmerz erfahren haben, hilft uns dabei, die Bereitschaft zu entwickeln, das Leid und alle Gedanken und Gefühlen, die noch daran gebunden sind, freizugeben – und werden selbst frei.

Selbstermächtigung und die Erlaubnis zur Heilung

Alles, was du zu deiner Heilung brauchst, ist eine bewusste Entscheidung. Du kannst Heilung erfahren, sobald du bereit bist, dich für deine Heilung zu öffnen, und dir erlaubst, Heilung zu erfahren. Achte stets auf alle Signale deines Herzens und auch auf die Signale deines Körpers, und lasse dich im Vertrauen auf diese Wandlung jetzt ganz bewusst auf den Kontakt zu deinem spirituellen Herzen ein.

Bevor du nun weiterliest, bitte halte kurz inne, lege eine Hand auf dein Herz, und frage dich jetzt:

- »Will ich wirklich frei sein von allem Leid?«
- »Will ich alle Verletzungen, die ich in meiner Vergangenheit erfahren habe, jetzt heilen?«
- »Will ich Gefühle wie Wut, Schuld, Scham und Angst in mir heilen?«
- »Bin ich bereit, mich für ein Leben in Freiheit ohne Leid und Schmerz zu entscheiden?«
- »Erlaube ich mir, jetzt Heilung in meinem Herzen zu erfahren?«

Wenn du die Fragen mit Ja beantworten kannst, dann bist du schon längst der Stimme deines Herzens gefolgt. Wahrscheinlich würdest du dieses Buch sonst jetzt auch nicht in den Händen halten, denn diese Entscheidung wird vom Unterbewusstsein getroffen – lange bevor der Verstand es tut.

JETZT ist genau die richtige Zeit, den Kontakt zu deinem spirituellen Herzen aufzunehmen, es zu fühlen, es zu heilen und dich wieder ganz mit ihm zu verbinden, damit du gemeinsam mit ihm an das große Ganze angebunden bist. Sei dir immer bewusst, dass du die Fähigkeit besitzt, dein eigener Heiler zu sein. Du kannst Heilung in dir bewirken – jederzeit. Alles, was du dazu brauchst, ist eine bewusste Entscheidung und den Willen, sie in die Tat umzusetzen.

Ich möchte dich gerne jetzt mit deinem spirituellen Herzen und der Kraft, die ihm innewohnt, bekannt machen. Die folgenden Übungen werden dich auf eine Reise in dein Herz mitnehmen. Fühle dich jetzt eingeladen, dein spirituelles Herz zu öffnen und zu heilen. Meine ganze Liebe und mein Glauben an die Kraft und die Weisheit deines Herzens begleiten dich dabei.

Die eigenen Herzenswunden heilen

In meiner langjährigen Arbeit mit Menschen habe ich die Erfahrung gemacht, dass es immer einen Weg gibt, traumatische Erlebnisse zu verarbeiten und die daraus entstandenen emotionalen Verletzungen und Herzenswunden vollständig zu heilen. In den vergangenen Jahren habe ich mit Hunderten von Menschen auf der Ebene des Herzens gearbeitet und durfte immer wieder erleben, dass die verletzten Anteile des Herzens geheilt werden können, wenn wir sie uns bewusst machen und mit der Behandlung dort ansetzen, wo die Verletzung ihren Ursprung hat.

Uns den alten Erfahrungen und dem damit verbundenen Schmerz zu stellen, ihn so zu sehen, wie er wirklich ist, ihn in seiner vollen Größe anzuerkennen und ihn wahrhaftig zu akzeptieren und anzunehmen als einen wichtigen Teil unserer Vergangenheit, ist sicherlich kein einfacher Weg, aber es ist ein heilsamer Weg. Wir wären nicht die Menschen, die wir sind, wenn wir nicht dieses oder jenes Erlebnis gehabt hätten. Im Nachhinein oder auch von einer höheren Sichtweise aus, die wir in der Prozessarbeit einnehmen können, werden wir gewahr, dass alle Erfahrungen einen Sinn haben. Wenn wir gerade mitten in einem emotional belastenden Ereignis stecken, können wir das jedoch nicht erkennen, und wir fragen uns: »Warum passiert das gerade mir?« Wenn wir aber lernen, dem Leben und dem, was gerade mit uns geschieht, mit Vertrauen zu begegnen, und gewillt sind, uns der Erkenntnis, die dahinter auf uns wartet, gefühlsmäßig wirklich hinzugeben, dann brauchen wir nicht mit dem Verstand nach dem Sinn der Erfahrung zu suchen. Es reicht aus, dass wir lernen zu akzeptieren, dass alles in unserem Leben aus einem ganz bestimmten Zweck geschieht – auch wenn wir diesen (noch) nicht erkennen können. Die Erkenntnis entsteht erst im Anschluss an ein Erlebnis oder eine Erfahrung, daher erschließt sich uns der Sinn meist erst später.

Anzunehmen, dass es ist, wie es gerade ist, auch dann, wenn es uns unangenehm ist, hilft uns dabei, Erwartungen loszulassen und das geschehen zu lassen, was wir ohnehin nicht ändern können, und uns der Erfahrung auf diese Weise hinzugeben. Wir versuchen ohnehin, alles in unserem Leben zu berechnen

und zu kontrollieren, aber ein Teil wird sich immer unserer bewussten Kontrolle entziehen, ob wir das wollen oder nicht. Von daher ist es wichtig, sich auch für diesen unkontrollierbaren Teil zu öffnen und sich zu entspannen.

Es kann einer regelrechten inneren Befreiung gleichkommen, sich bewusst zu machen, nicht alles kontrollieren und steuern zu können. Es kann sehr befreiend sein, diesem unkontrollierbaren Teil auch einen Platz im Herzen zu geben, zu akzeptieren, dass es ihn gibt. Das hat zur Folge, dass wir keine Widerstände und Blockaden aufbauen. Auch das kann uns dabei helfen, eine schlechte Erfahrung sehr viel besser zu meistern, alle Gefühle, die dann in uns sind, wirklich wahrzunehmen und ihnen angemessen zu begegnen, sie nicht zu verdrängen, sondern sie bejahend zu fühlen. Es geht nicht darum, negative Gefühle oder Situationen mit »rosa Soße« zu übergießen, um dann alles positiv zu sehen. Es geht nicht um Verdrängung, Verleugnung, Sublimierung oder Idealisierung. Nein, es geht darum, es vollständig zu fühlen: etwas Negatives oder Verletzendes, das uns gerade schmerzt. Es geht darum, den Schmerz auch im Körper zu lokalisieren, die Gedanken dazu wahrzunehmen – aber gleichzeitig auch dafür offen zu sein und darauf zu vertrauen, dass aus der negativen Situation etwas Gutes entstehen kann. Nur dann können wir an unserem Schicksal wachsen.

Diesen Entwicklungsprozess muss jeder für sich selbst vollziehen, niemand anderes ist dafür verantwortlich. Unser spirituelles Herz zu öffnen heißt, uns allen Gefühlen anzunähern, sich die eigene Verletzlichkeit bewusst zu machen, Schutzmechanismen aufzugeben und auch mit nicht verarbeiteten Erfahrungen und altem Schmerz in Kontakt zu kommen, um letztendlich auch die tiefe Sehnsucht nach bedingungsloser Liebe wahrzunehmen und diese Liebe in sich selbst zu entdecken. Die bedingungslose Liebe ist nichts, was wir von außen bekommen, sondern etwas, was unserem göttlichen Kern innewohnt und durch den Kontakt mit uns selbst und durch die Entwicklung von Selbstliebe offenbart wird. Erst wenn unser Verstand, unser Ego, mit seinen Bedürfnissen zur Seite tritt, kann die Liebe wirklich absichtslos durch uns fließen. Unser höchstes Potenzial kann sich in dem Zustand entfalten. Manchmal müssen wir uns erst ganz leer fühlen, um uns an der Quelle, die alles beinhaltet, was wir brauchen, wieder auffüllen zu können.

Blockaden können erst dann wirklich gelöst werden,
wenn wir wirklich, wahrhaftig und aufrichtig bereit sind,
die Dramen unseres Lebens loszulassen und
Ja zur Heilung zu sagen.

Auch die Arbeit mit dem Inneren Kind kann sehr wichtig und sinnvoll sein, gerade dann, wenn schmerzhafte Erfahrungen und Gefühle in unserem Energiekörper gespeichert sind. Nicht selten entstehen auch aufgrund von frühkindlichen ungestillten Bedürfnissen später Co-Abhängigkeiten in Beziehungen. Das Lebensthema zu erkennen und den darin

verborgenen Schmerz zu erlösen kann Teil der spirituellen Herzarbeit sein. Ebenso ist die Vergebungsarbeit sehr wichtig, um mit sich selbst, anderen Menschen, seinem Schicksal und den Umständen in Frieden zu kommen. Auch Verletzungen, die in noch früherer Zeit entstanden sind, sei es vorgeburtlich oder auch karmisch, können sich bei der Hinwendung zu unserem spirituellen Herzen offenbaren. Dabei können Bilder aus vergangenen Leben vor unserem inneren Auge auftauchen, die in dem Moment vielleicht als unangenehm wahrgenommen werden, aber auf der anderen Seite durch das bewusste Fühlen und die Annahme dessen, was sich gerade zeigt, auch eine große Befreiung schenken können. Die tieferen Ursachen für karmische Blockaden können dabei aufgedeckt und geheilt werden. Wenn man glaubt, es alleine nicht zu schaffen, an diese tieferen Schichten zu gelangen, oder sich begleitende Hilfe wünscht, empfiehlt es sich, sich an einen erfahrenen Menschen wie einen Therapeuten zu wenden.

Dein Körper, dein Geist und deine Seele tragen
bereits das Bewusstsein eines uralten Heilers in sich,
und du selbst fühlst und weißt, wie, wann und wodurch
Heilung in dir stattfinden kann.

Die Entwicklung von Selbstmitgefühl und Selbstliebe

Wenn es uns gelingt, uns um uns selbst und unsere Herzenswunden zu kümmern, können wir Heilung erfahren. Wir können es uns so vorstellen, als seien wir eine liebende Mutter, die sich um ihr Kind bemüht und sich ihm mit voller Aufmerksamkeit zuwendet, ihm Beachtung schenkt, es sanft hält, es wärmt, es mit ihrer ganzen Liebe nährt und es bedingungslos annimmt. Eine Mutter ist fähig, ihr Kind bedingungslos zu lieben, ganz egal, ob es sich gut oder schlecht benimmt, was es tut und leistet. Wenn wir für unser Herz nun so empfinden wie eine Mutter für ihr Kind, dann sind wir im wahren Selbstmitgefühl angekommen. Wir hören auf, uns selbst zu verurteilen, über uns zu richten, uns zu bewerten oder zu glauben, dass wir uns verändern müssten, um geliebt und anerkannt zu werden.

Wenn wir lernen, uns selbst so anzunehmen, wie wir sind, dann entfaltet sich auch in uns die Fähigkeit, andere so anzunehmen, wie sie sind. Wir hören auf, den anderen verändern zu wollen. Erst wenn wir wahres Mitgefühl für uns

selbst entwickelt haben, sind wir fähig, wahres Mitgefühl für andere zu empfinden. Wenn wir uns selbst nicht wertschätzend und wohlwollend begegnen können, wie wollen wir dann anderen diese Wertschätzung und dieses Wohlwollen entgegenbringen?

Wenn wir verstehen und fühlen, dass in unserem spirituellen Herzen die Quelle der Liebe zu finden ist, hören wir auf, im Außen danach zu suchen. Wir suchen nicht mehr nach der Erfüllung dieser Sehnsucht, nach der universellen Liebe bei anderen, weil wir die Quelle in uns gefunden und uns mit ihr verbunden haben. Diese Liebe entsteht aus dem Gefühl des Vollkommenseins heraus, sie fließt aus der Ganzheit, nicht aus der Bedürftigkeit. Wir werden gewahr, dass die Liebe nicht durch das fließt, was wir von außen bekommen, sondern durch das, was wir nach außen geben. Die universelle Liebe ist nicht etwas, was uns von außen gegeben wird, sondern etwas, was in uns ist. Wenn wir das erkannt und erfahren haben, können wir uns immer weiter öffnen und uns ganz in diese Liebe hineinsinken lassen. Die Quelle der universellen Liebe in unserem spirituellen Herzen versiegt nie, egal, wie viel wir daraus schöpfen. Die Liebe fließt immer, und wir können das spüren, sobald wir mit unserem spirituellen Herzen in Kontakt treten und mit ihm verbunden sind.

Die Entwicklung von Selbstachtung und Selbstliebe ist die Grundvoraussetzung dafür, dass wir andere achten und lieben können.

Die Liebe zu uns selbst erlaubt uns, alle Verletzungen der Vergangenheit zu heilen, auch jene Herzenswunden, die durch unsere emotionale Bedürftigkeit und Abhängigkeit verursacht wurden. Es entsteht eine Selbstliebe, die nicht mit narzisstischer Liebe oder übertriebener Selbstbezogenheit zu verwechseln ist. Wahre Selbstliebe erkennen wir daran, dass wir uns selbst so akzeptieren und annehmen können, wie wir sind, dass wir unser Licht, aber auch unsere Schattenseiten sehen und annehmen können. Wenn es uns gelingt, einfach alles an uns zu lieben, und wir uns selbst respektieren, dann werden wir auch im Außen niemanden mehr treffen, der uns nicht respektiert, der uns ablehnt oder verurteilt.

Selbstliebe bringt uns in Balance, in die Mitte unseres Herzens, aus der heraus wir uns erlauben, wahrhaftig zu sein, und auch anderen dies zugestehen. Verurteilungen, Streitigkeiten und sogar Krankheiten gehören der Vergangenheit an, wenn wir in der Selbstliebe und Selbstannahme sind.

TIPP

Um mehr Selbstmitgefühl, Selbstannahme und auch Selbstliebe zu entwickeln, lege immer einmal wieder bewusst deine Hände auf dein Herz. Lege sie ganz sanft ab, und spüre, wie deine Hände auf deinem Herzen verweilen. Vielleicht kannst du Wärme zwischen deinen Händen und deinem Herzen wahrnehmen, oder du spürst einfach den sanften Druck deiner Hände auf deiner Brustmitte. Sei ganz besonders vorsichtig und sanft mit dir selbst in diesem Moment. Sprich in Gedanken oder in der Meditation zu dir selbst:

- »Möge ich mich so annehmen, wie ich bin.«
- »Möge ich mir selbst Liebe, Achtung und Wertschätzung schenken.«
- »Möge ich mir selbst wohlwollend begegnen.«
- »Möge ich freundlich mit mir selbst umgehen.«
- »Möge ich mir selbst das Mitgefühl geben, das ich brauche.«

Ein **geöffnetes Herz** lässt dich so sein, wie du vom göttlichen Ursprung gedacht bist: **rein, gesund** und **absolut vollkommen!**

Den Schmerz der Vergangenheit befreien

Doch wie befreien wir uns von den schmerzvollen Erfahrungen der Vergangenheit? Ganz einfach, indem wir unserem spirituellen Herzen die Aufmerksamkeit und die Liebe schenken, nach denen es sich sehnt. Wenn wir uns von altem Ballast befreien, dann bieten wir unserem Herzen die Möglichkeit, sich frei zu entfalten, und wir erfahren dadurch inneres Wachstum. Ich sage an der Stelle gerne: Es ist einfach, aber nicht immer leicht. Wir durchleben alle Emotionen, die wir in unserem Herzen tragen. Meistens ist das ein Prozess, der etwas Zeit braucht. Gerne ziehe ich zur Erklärung das Bild der Zwiebel heran: Sie hat viele Schichten, durch die man erst durch muss, um zu ihrem Kern zu gelangen. Genauso ist es auch in der Transformationsarbeit. Wir müssen meist auch mehrere »Schichten« überwinden, um zu unserem wahren Kern oder unserer Herzensmitte zu gelangen.

Das Herz möchte sein volles Potenzial und alle Fähigkeiten, die ihm innewohnen, leben. Es möchte wieder an seine Kraft angebunden sein. Dazu muss es aber gesehen, gefühlt und angenommen werden. Daher ist es notwendig, dass wir uns ihm zuwenden und ihm Anerkennung, Liebe und vielleicht auch Lob und Wertschätzung entgegenbringen. Die Liebe zu uns selbst – und auch zu unserem spirituellen Herzen – ist ein wesentlicher Schlüssel zur Freiheit, zur Verbundenheit und zur bedingungslosen Liebe.

Nimm deinen ganzen Mut zusammen,
und entwickle jetzt die Bereitschaft,
dein Herz wieder vollständig zu öffnen.

Warum unser Verstand nur bedingt helfen kann

Unser Verstand (Ego) hat die Funktion, uns zu schützen. Er tut alles, um unser Überleben zu sichern. Daher wehrt er negative Erfahrungen ab, indem er sie verdrängt. Teilweise macht er dies bewusst, teilweise geschieht es auch unbewusst. Wenn uns jemand sagt »Jetzt lasse deine Vergangenheit doch endlich einmal ruhen« oder »Meine Güte, das ist doch schon so viele Jahre her«, geht es uns dann besser, und ist uns damit geholfen? Natürlich nicht. Das zeigt: Unser Verstand kann sich nicht um unsere Gefühle kümmern, und gutes Zureden hilft uns da leider auch nicht weiter.

Heilung können wir nur über das Fühlen erfahren. Und es ist egal, ob eine schmerzhafte Erfahrung schon lange her ist oder nicht: Unser Herz kennt keine Zeit! Alles, was wir erfahren haben, auch das, was wir als kleines Mädchen oder kleiner Junge erlebt haben, ist in unserem spirituellen Herzen noch immer existent. Alle Gefühle – der Schmerz, die Wut, die Enttäuschung, die Trauer, die Angst, die Schuld, die

Scham usw. – existieren noch immer in uns und sind auch im Hier und Jetzt lebendig. Alte Erfahrungen wirken in jedem von uns, und sie steuern uns tagtäglich überall, wo wir auf andere Menschen treffen, in all unseren Beziehungen, sei es im Privatleben oder im Beruf.

Unser Herz, das sich in der Vergangenheit zurückgewiesen oder nicht gesehen fühlte, trägt noch immer den Wunsch in sich, bedingungslos angenommen und geliebt zu werden. Es möchte sich selbst erfahren und trotzdem mit anderen verbunden sein. Und so steuert uns unser verletztes Herz im Alltag viel mehr, als uns das bewusst ist. Für den Verstand sind viele Situationen längst Vergangenheit, aber in unserem Herzen sind alle Gefühle und Verletzungen noch immer lebendig.

Wenn wir noch einmal zu dem Vergleich zurückkehren, dass unser Herz wie ein kleines Kind ist, dann wird uns schnell klar, warum wir in manchen Situationen so emotional reagieren und uns wie kleine Kinder aufführen. Mit dem Verstand können wir das nicht lösen, aber mit der Kraft unseres Herzens kann es gelingen.

Dazu gehört, im ersten Schritt die eigene Präsenz, das »Ich bin« und den heiligen Raum des Herzens, bewusst wahrzunehmen. Erst in dem Moment, wo wir mit uns selbst und unserem Herzen in Kontakt sind, kann bewusstes Fühlen stattfinden. Wir können genauer, tiefer und bewusster spüren und auch immer feinere Nuancen des Fühlens entwickeln. Wir können jenseits der ersten Emotion, die wir wahrnehmen, auch noch weitere emotionale Facetten wahrnehmen. So kann das erste Gefühl augenscheinlich WUT sein, dahinter sich aber eine tiefe TRAURIGKEIT verbergen. Wenn wir uns unserer primären und sekundären Gefühle bewusst werden und sie von außen beobachten, können wir auch in schwierigen Lebenssituationen die Bereitschaft entwickeln, den Raum des Herzens offenzuhalten. Wir gehen in Kontakt mit allen Emotionen, die wir gegenwärtig wahrnehmen. Das Herz in der Anwesenheit von Schmerz und Leid nicht gleich wieder zu verschließen, sondern damit in Kontakt zu gehen und zu schauen, was das Gefühl jetzt gerade braucht, kann uns wahre Heilung bringen.

Was ist das spirituelle Herz?

Das Herz ist das wichtigste Organ unseres physischen Körpers. Unser spirituelles Herz hingegen ist das tiefste und heiligste Energiezentrum, das unserem Emotional- und Energiekörper innewohnt. Es befindet sich in der Mitte der Brust auf Höhe des physischen Herzens. Es bildet die Verbindung zwischen der materiellen und der spirituellen Welt, und es verbindet auch alle Seelen miteinander. Der zugehörige Energiekörper trägt und speichert alle Erfahrungen und Erinnerungen an die Gefühle aus allen inkarnierten Leben in sich und ist somit ein Teil des unendlichen Universums. Es ist immer das spirituelle Herz in uns, das sich nach der Energie der Schöpfung sehnt: nach Wachstum, Verbundenheit und bedingungsloser Liebe.

Unser spirituelles Herz hat viele Fähigkeiten und Qualitäten. Es trägt alles, was wir brauchen, um glücklich und gesund zu sein, bereits in sich. In der Wiederanbindung an unser spirituelles Herz stellen wir die Verbindung zur universellen Energie her, damit neue Lebens- und Liebesenergie frei in uns fließen kann. Die spirituelle Herzheilung bringt uns mit uns selbst in Kontakt und lässt damit ein neues Fühlen entstehen. Das Erleben von innerer Harmonie kann Heilung auf allen Ebenen unseres Seins bewirken und uns Gefühle wie Frieden, Freiheit und Glückseligkeit schenken.

Wenn du in deinem Herzen angekommen bist, dann fühle den wahren Reichtum in dir, der dein Herz dir offenbart. Erfahre, dass du ein wunderbares, einzigartiges Wesen bist. Du bist ein unendlicher Teil der göttlichen, universellen Lie-

be. Dein spirituelles Herz ist Teil des ganzen Universums, und das ganze Universum ist in deinem spirituellen Herzen enthalten. Erinnere dich stets daran, wer du wirklich bist, und spüre die universelle, bedingungslose Liebe, die auch deinem Herzen innewohnt. Erkenne dich selbst: DU BIST LIEBE!

Liebe ist die stärkste aller **Entwicklungskräfte,**
und **ein geheiltes Herz** legt alle Potenziale,
Fähigkeiten und Talente frei.

Was geschieht bei der spirituellen Herzheilung?

Bei der spirituellen Herzheilung geht es um die Wiederanbindung deines Herzens an die universelle Energie, damit wieder neue Lebens- und Liebesenergie in dir fließen kann. Es ist wie eine Reinigung deines spirituellen Herzens, denn nur die Wahrheit und die Annahme dessen, was wirklich ist, ist das, was uns Heilung bringt. Sobald du bereit bist, dein Herz ganz zu öffnen und dich von altem Ballast und gebundenen Energien zu reinigen, kann dein spirituelles Herz wahre Heilung erfahren. Es bringt dich mit dir selbst in Kontakt und lässt damit ein neues Fühlen entstehen.

Fühlen kann niemals auf der Verstandesebene geschehen, daher geht es bei der spirituellen Herzheilung weniger um Kognitionen und Denkprozesse als vielmehr um das Wahrnehmen, Benennen und Annehmen aller gegenwärtiger Emotionen. Mit dem spirituellen Herzen in Kontakt zu sein bedeutet: spüren, fühlen, berühren und sich berühren lassen.

Das spirituelle Herz steht in enger Verbindung mit unseren Händen, die ebenfalls die Fähigkeit besitzen, zu berühren, zu geben und zu empfangen. Eine liebevolle Geste, eine sanfte Massage, Energiearbeit mit den Händen oder auch einfach nur eine gefühlvolle Berührung kann eine heilende Wirkung auf unser Herz haben.

Alle emotionalen Erfahrungen, die nicht verarbeitet wurden, die nicht vollständig durchlebt wurden, sind in unserem Körper, in unserem Zellbewusstsein gespeichert. Daher können bei den Herzübungen auch die Hände bewusst zum Einsatz kommen: Die Hände können sanft auf das Herz oder eben die Stelle am Körper gelegt werden, wo eine Emotion wahrzunehmen ist, wo sich ein emotionaler Schmerz zeigt oder wo eine blockierende Körperempfindung zu spüren ist. Die spirituelle Herzheilung kann eine Reise sein, die dich zurück in die Vergangenheit und an den Ort des Geschehens führt – in deine Kindheit, zu deiner Geburt oder noch weiter zurück. Hier werden die Auslöser tief verankerter emotionaler Blockaden wie Ärger, Wut, Hass, Enttäuschung, Angst, Trauer, Schmerz, Eifersucht, Neid, usw. noch einmal erfahren und durch das bewusste Fühlen dann integriert. Alle nicht verarbeiteten Verletzungen kommen aus dem Unterbewusstsein ins Bewusstsein, damit die entstandene Wunde (das Trauma) geheilt werden kann – wenn das Trauma integriert ist, verschwindet es auch aus dem Zellbewusstsein.

Auch körperliche Symptome können mit eingebunden werden. Du befreist dich von alten Konditionierungen und einengenden Gedankenmustern und wirst in die grenzenlose Gegenwart der Liebe, der Stille, des Friedens und der Freude deines spirituellen Herzen geführt, aus dem du Weisheit, Wissen und Kraft schöpfen kannst. Du lernst, zu verzeihen und zu verstehen und dich in liebevoller Akzeptanz anzunehmen.

Wenn wir unser spirituelles Herz fühlen, sind wir in Kontakt mit unserer Seele und wir begegnen sowohl dem menschlichen wie auch dem göttlichen Anteil in uns. Je weiter sich unser spirituelles Herz öffnet, desto mehr verbinden sich Körper, Geist und Seele miteinander. Unser Denken, unser Fühlen und die daraus resultierenden Handlungen werden eins. Die Energie unseres Herzens belebt unsere Persönlichkeit, wir können mehr Güte, Wohlwollen, Liebe, Sanftheit, Geduld und Mitgefühl ausdrücken, die Teil unserer Natur sind. Sobald wir uns mit unserem spirituellen Herzen beschäftigen, es heilen und wieder anbinden an seine ursprüngliche Kraft, entsteht Bewusstsein, das weit über unsere eigene Persönlichkeit und eigenen Interessen hinausgeht. Wir spüren, dass in uns selbst die Quelle allen Lebens liegt, aus der wir uneingeschränkt Liebe schöpfen und weitergeben können. Wir erkennen, dass wir in einer Gemeinschaft leben, dass wir in Beziehung zu allem stehen, dass wir nicht von anderen getrennt, sondern eingebunden und Teil des großen Ganzen sind.

Nur mit einem **geheilten Herz** können
wir uns ganz fühlen, mit anderen **verbunden,**
und bereit, die **bedingungslose Liebe** zu erfahren.

Der Gewinn eines geheilten Herzens

Nur in Anbindung an unser spirituelles Herz können wir Liebe, inneren Frieden, wahre Freiheit und Glückseligkeit empfinden. Viele Menschen verspüren eine tiefe Sehnsucht danach, ihr spirituelles Herz wieder vollständig zu öffnen. Es ist an der Zeit, dass wir Menschen uns neu begegnen, dass wir uns (wieder) füreinander öffnen, uns selbst vertrauen und Wege finden, uns einander anzunähern, damit wir uns wirklich miteinander verbunden fühlen. Eine echte Verbindung von Herz zu Herz zu schaffen hilft uns, aus dem Gefühl des Alleinseins und des Getrenntseins auszusteigen. Die Vorstellung von Trennung oder Getrenntsein ist ein Hirngespinst, denn in unserem Herzen existiert keine Grenze. Das Herz kennt Verbundenheit und das Einssein. Zur Vollkommenheit und zum Erleben des Einsseins gelangt man nicht über den Verstand, sondern nur über den Weg in das eigene Herz.

Wenn du dein volles Herzpotenzial entfalten möchtest und durch die Kraft deines Herzens Wachstum, Heilung und vielleicht auch Erleuchtung erlangen möchtest, dann lerne, in Einklang mit deinem Herzen zu leben. Vertraue seiner Kraft. Lerne, dein Mitgefühl zu entwickeln und auszudehnen, bis die Liebe in deinem spirituellen Herzen alle Lebewesen erreicht.

Vorbereitung auf die Übungen

»Begebenheiten oder Menschen, die dir Schmerz bereitet haben, wirklich loszulassen kann dir das tiefe Gefühl von Frieden und Freiheit schenken. In dem Moment, wo du etwas bewusst loslässt, akzeptierest du, dass es so und nicht anders gewesen ist. Du kannst es sein lassen, wie es war, ohne weiter daran festzuhalten.«

Alle Übungen und Meditationsanleitungen in diesem Buch sollen dir dabei helfen, mit deinem spirituellen Herzen in Kontakt zu kommen. Sie dienen als Einstieg und zur Inspiration, und vielleicht wirst du mit der Zeit auch deinen ganz eigenen Weg finden, um mit deinem Herzen zu kommunizieren. Im Kontakt mit deinem Herzen wirst du herausfinden, was sich für dich gut und stimmig anfühlt. Erlaube dir, dich auszuprobieren, dich selbst zu spüren, der Stimme deines Herzens zu lauschen und stets deiner inneren Weisheit zu folgen. Nimm dir von den Übungen das, was dir gut gefällt, und lasse weg, was dir nicht gefällt. Zwinge dich zu nichts, und stelle keinen Vergleich zu anderen an, wenn ihr euch darüber austauscht. Es gibt kein Richtig und kein Falsch in der Herzensarbeit. Jeder erlebt das, was er erlebt – und genau so ist es in Ordnung. Wenn du möchtest, kannst du dir auch ein Tagebuch zulegen, in dem du alle deine Erfahrungen und Erlebnisse nach jeder Übung notieren kannst.

Die Einstimmung

Suche dir einen Platz, an dem du dich wohlfühlst und wo du ungestört bist. Achte auf eine für dich angenehme Raumtemperatur, oder lege dir eine Decke zurecht, damit du während der Übungen nicht frierst. Schaffe dir eine Atmosphäre, in der du dich sicher und geborgen fühlst. Vielleicht möchtest du eine Kerze anzünden oder den Raum mithilfe eines Duftöls oder mit etwas Räucherwerk energetisch positiv aufladen. Du kannst auch eine sanfte, leise Musik auflegen oder mit einer Klangschale die jeweilige Übung beginnen und beenden. Wichtig ist, dass du dir Zeit nimmst, ganz bei dir zu sein – mit dir zu sein. Du bist jetzt gerade der wichtigste Mensch. Schenke dir die volle Aufmerksamkeit, und gehe bewusst und achtsam mit dir und deinem Körper, deinem Geist, deiner Seele und deinem Herzen um.

Den Platz einrichten

Du kannst nach Belieben ein Yogakissen, ein Mediationsbänkchen oder einen Stuhl benutzen. Richte deinen Platz so ein, dass du dort für die Dauer der Herzensarbeit bequem verweilen kannst. Sorge dafür, dass dein Platz einladend und wohltuend ist, damit eine heilsame Qualität von ihm ausgehen kann. Wichtig ist, dass der Platz für dich kraftvoll und friedlich ist und du dich dort sicher und geschützt fühlen kannst. Natürlich kannst du dir auch einen Platz draußen in der Natur beispielsweise auf einer Wiese, unter einem Baum oder an einem Gewässer suchen.

Die Haltung

Es empfiehlt sich, eine aufrechte und gerade Sitzhaltung einzunehmen, damit deine Atmung frei fließen kann. Sitze dabei locker, damit du dich entspannen kannst. Im Liegen schlafen die meisten Menschen ein. Das liegt daran, dass unser Körper darauf programmiert ist einzuschlafen, sobald wir liegen. Wähle also eine dir gemäß deiner Stimmung und deines Körperempfindens angenehme Sitzposition. Zwinge dich nicht dazu, unbedingt auf dem Yogakissen zu sitzen, wenn es beispielsweise deinem Rücken nicht guttut. Dann wähle lieber einen Stuhl. Es geht darum, dass du dich während der Übungen bestmöglich entspannen kannst.

Indem wir in der Meditation eine beobachtende Haltung einnehmen, können wir auch eine neue Sichtweise einnehmen. Diese ermöglicht uns, innere Kämpfe und Ablehnung aufzugeben und ein Gefühl dafür zu entwickeln, was sich wirklich in uns entfalten möchte. In der Meditation, wenn unser Geist offen und frei ist, können wir uns daran erinnern, wer wir wirklich sind. Wir erlauben uns, uns mit allen Gedanken, Gefühlen und Körperempfindungen wahrhaftig wahrzunehmen, und lernen zu akzeptieren, was sich zeigt. Durch die Annahme dessen, was wirklich ist, ermächtigen wir uns selbst, unsere Selbstheilungskraft zu aktivieren, und erlauben uns, wieder ganz zu werden.

Die Praxis

Alle Übungen in diesem Buch sind Mediationen, weil sie in einer meditativen Haltung durchgeführt werden. Wie in jeder anderen Meditationspraxis ist auch bei der spirituellen Herzheilung eine gewisse Regelmäßigkeit wichtig, damit innere Bewusstseinsprozesse geschehen können. Man kann es mit Muskeltraining vergleichen: Genauso wie regelmäßige Besuche im Fitnessstudio nötig sind, um die Muskeln zu stärken und aufzubauen, bedarf es auch in der Herzensarbeit kontinuierlicher Übung. Daher solltest du die Übungen regelmäßig wiederholen, damit dein spirituelles Herz heilen kann. Finde dabei deinen eigenen Rhythmus. Teile dir deine Zeit so ein, dass du dich weder überfordert noch gestresst fühlst. Finde den geeigneten Zeitpunkt für deine Herzübungen, und entscheide selbst, wie oft und wie intensiv du üben möchtest.

Für Erdung sorgen

Bei der energetischen Heilarbeit ist eine gute und stabile Verbindung zu Mutter Erde wichtig. Achte gut auf deine Erdung, bevor du beginnst. Stelle dich dazu aufrecht hin, die Füße hüftbreit auseinander. Gehe dann mit deiner Aufmerksamkeit zu deinen Füßen. Lasse in deiner Vorstellung aus deinen Fußsohlen Wurzeln in die Erde hineinwachsen. Dabei ist es egal, wie die Wurzeln beschaffen sind, ob sie klein, dünn und kurz oder groß, dick und lang sind. So, wie es jetzt gerade ist, ist es richtig. Gib mit jeder Ausatmung über deine Wurzeln alles ab, was dir nicht mehr dienlich ist, was dich belastet und dich blockiert. Wisse, dass Mutter Erde es aufnimmt, es dir abnimmt, es für dich trägt – sie transformiert es für dich. Lasse dir für das bewusste Freilassen alter Energien einen Moment Zeit. Nimm mit jeder Einatmung über deine Wurzeln neue, reine und kraftvolle Energie der Erde auf. Erlaube, dass Mutter Erde dich mit ihrer Energie nährt. Erlaube dir, erfüllt zu sein, und spüre die Kraft und Fülle, die du bist. Lasse dir für das bewusste Auftanken mit neuer Energie einen Moment Zeit.

Die Dauer

Die Übungen dauern zwischen zehn und zwanzig Minuten. Sie können nach Belieben natürlich auch länger durchgeführt werden. Menschen, die noch nie oder wenig meditiert haben, brauchen deshalb nicht länger. Es gibt keine Voraussetzungen, und eine regelmäßige Meditationspraxis ist keine Bedingung. Wichtig ist zu bedenken, dass jeder Mensch sein eigenes Tempo hat, und daher braucht auch jeder Mensch seinen eigenen Rhythmus und seinen eigenen Zeitraum, damit sein individueller Heilungsprozess stattfinden kann. Ich persönlich verstehe und nutze die Meditation als einen andauernden Transformationsprozess, der es uns ermöglicht, uns immer wieder mit dem unversehrten, heilsamen Kern, der in uns existiert, neu zu verbinden.

Das Ziel

Meditation und Energiearbeit setzen immer eine selbstverantwortliche Haltung voraus. Folge bitte immer deinem Wohlgefühl, und achte auch auf deine Grenzen. In der Meditation machst du eine ausgiebige Reise in die Tiefen deiner Seele und deines Bewusstseins bis in den heiligen Raum deines Herzens. Die folgenden Meditationen wirken sehr tief greifend, wenn du bereit bist, dich auf die Erfahrung einzulassen. Dabei kann ein Bewusstseinszustand erreicht werden, in dem das Gefühl des Einsseins mit allem, was ist, erfahrbar wird.

Ziel ist es, schrittweise in unserem spirituellen Herzen anzukommen, alte Wunden unseres Herzens zu heilen und uns wieder an alle Qualitäten, die ihm bereits innewohnen, anzubinden. In der Anbindung an die universelle Liebe, die auch in unserem spirituellen Herzen vorhanden ist, können wir echte Verbundenheit und das Einssein mit allem, was ist, fühlen und wahrnehmen. Es braucht nur die Hinwendung zu unserem Herzen, damit wir das wahre Potenzial des Herzens wahrnehmen und leben können. Sobald wir in unser Herz zurückkehren und es vollständig öffnen, können wir bewusster denken, fühlen und handeln.

Kontaktaufnahme mit dem Herzen

*»Sobald du dich dazu entscheidest,
alle schmerzhaften Erfahrungen deines Lebens
und die daran gebundenen negativen Emotionen
in Liebe loszulassen, kann sich dein Geist klären
und dein Herz sich neu öffnen.«*

ÜBUNG 1: Die Energie des Herzens wahrnehmen

Diese erste Übung unterstützt uns dabei, Kontakt mit dem spirituellen Herzen aufzunehmen. Sie ist sozusagen die ***Basisübung.*** *Sie dient dazu, sich auf das Herz zu zentrieren und auf die Herzenergie auszurichten. Sie kann uns guttun, wenn wir zu sehr im Denken verhaftet sind, sich das Gedankenkarussell zu schnell dreht, wir ständig grübeln, uns unsere Gedanken einfach nicht loslassen und uns beispielsweise am Ein- oder Durchschlafen hindern. Die Übung kann für sich allein durchgeführt werden, sollte aber den folgenden Übungen (2–13) des Buches stets vorausgehen und als Einstieg bzw. zur Einstimmung dienen.*

ANLEITUNG:

- *Setze dich bequem hin, und schließe die Augen.*
- *Nimm deinen Atem jetzt ganz bewusst war, nimm wahr, wie er kommt und wie er geht.*
- *Beobachte und nimm wahr, wie sich deine Bauchdecke oder deine Brust hebt und senkt.*
- *Atme locker und in deinem Rhythmus bewusst ein und auch bewusst wieder aus.*
- *Um dich mit deinem Herzen zu verbinden, lege eine Hand oder beide Hände sanft auf dein Herzzentrum.*
- *Spüre, wie sich immer mehr Energie in deinem Herzen sammelt.*
- *Sei achtsam, und schaue, was du im gegenwärtigen Moment alles wahrnehmen kannst.*
- *Spürst du das Heben und Senken deines Brustkorbes?*
- *Kannst du eine angenehme Wärme an deiner Handfläche/ deinen Handflächen wahrnehmen?*
- *Wie stark kannst du das regelmäßige Klopfen deines Herzens fühlen?*
- *Bleibe mit deiner Aufmerksamkeit bei deinem Herzen, solange es dir guttut, und lasse die Energie in deinen Körper und in alle deine Zellen hineinströmen.*

ERLÄUTERUNG:

Die ***Energie des Herzens*** *wahrzunehmen ist der beste Weg, eine dauerhafte Verbindung zu deinem Herzen zu erschaffen, von der du jederzeit Gebrauch machen kannst. Du kannst auch im Laufe des Tages immer wieder innehalten und dich für einige Momente auf dein spirituelles Herz besinnen. Richte dazu deine Aufmerksamkeit auf dein Herz, und nimm es wahr. Lenke deinen Atem in dein Herz hinein, und stelle dir vor, wie du durch dein Herz ein- und ausatmest. In Anbindung an dein spirituelles Herz bist du getragen und geschützt in der Welt, denn dein Herz leitet dich besser und sicherer, als dein Verstand allein es jemals könnte. Vertraue der Weisheit deines Herzens!*

Was ist, wenn man nichts fühlt?

Es ist äußerst selten, dass jemand nichts spürt. Wenn es aber so ist, dass du zu Beginn gar nichts, nur wenig oder nichts Intensives fühlen kannst, ist das nicht schlimm. Jeder Mensch hat sein eigenes Tempo, um mit seinem spirituellen Herzen in Kontakt zu kommen.

Hege keine Erwartungen, sondern bleibe einfach mit der Aufmerksamkeit ganz bei der Übung und deinem Herzen. Sei in dem Moment einfach mit dem, was sich gerade zeigt. Und wenn du gegenwärtig nichts fühlst, dann sei einfach in der Beobachtung, dass du gerade nichts fühlst – das ist vollkommen okay. Es gibt dabei auch kein Richtig und kein Falsch, kein Gelingen und kein Scheitern, keinen Erfolg und kein Versagen. Jede Kontaktaufnahme mit deinem spirituellen Herzen kann und wird höchstwahrscheinlich anders verlaufen. Vielleicht verweilst du einmal länger und einmal kürzer in der Meditation, oder es ist einmal intensiver und einmal weniger intensiv. Es kann dich zum Weinen, aber auch zum Lachen bringen. ALLES ist möglich – erlaube, dass alles genau so sein darf, wie es geschieht. So, wie du es in dem Moment erlebst, ist es richtig und soll es sein. Es gilt, nicht zu bewerten, ob es gut und richtig oder schlecht und falsch ist. Dein Prozess ist so individuell, wie du es als Mensch bist. Sei einfach offen, und betrachte dein Herz immer wieder neu. In der buddhistischen Tradition spricht man vom »Anfängergeist«. Diesen benötigen wir, um immer wieder eine offene und erwartungsfreie Haltung zu haben. Betrachte dein Herz also immer wieder mit den Augen eines Kindes, und sei bereit, jedes Mal ein Stück mehr Heilung zu erfahren.

Möglicherweise können dich die Übungen 2 und 3 dabei unterstützen, dich auf den Kontakt mit deinem Herzen vorzubereiten.

ÜBUNG 2: Die Gedanken loslassen (Übung für den Geist)

Manchmal kann auch ein zu reger Geist die Kontaktaufnahme mit unserem Herzen erschweren. Da sind vielleicht Gedanken, Erwartungen oder Zweifel, die uns ganz einfach am Fühlen hindern. Wenn dein Geist unruhig ist, versuche folgende einfache Übung:

Nimm zunächst wieder Kontakt zu deinem spirituellen Herzen auf – siehe Übung 1.

ANLEITUNG:

- *Setze dich bequem hin, und schließe die Augen. Beobachte eine Weile deinen Atmen, wie er kommt und geht.*
- *Mache einen kleinen Bodyscan, indem du mit deiner Aufmerksamkeit einmal durch deinen Körper wanderst und alle Anspannungen loslässt. Fange bei den Fußsohlen an, und wandere hoch bis zum Scheitelpunkt deines Kopfes.*

- *Spüre, wie du jetzt hier sitzt. Spüre dein Gesäß auf dem Stuhl, dem Kissen oder dem Meditationsbänkchen. Fühle, welche Körperteile gerade im Kontakt mit der Erde sind. Vielleicht berühren deine Fußsohlen, deine Fußgelenke oder die Schienbeine den Boden. Stelle einen Kontakt zwischen dir und der Erde her.*
- *Versuche, einfach nur dazusitzen, ohne bestimmte Absicht, ohne Erwartungen und ohne Ausrichtung darauf, etwas Bestimmtes erreichen zu wollen.*
- *Lasse alle Erlebnisse des heutigen oder gestrigen Tages und alle aufkommenden Gedanken dazu los. Wenn ein Gedanke auftaucht, dann benenne ihn kurz, zum Beispiel »Da ist ein Gedanke« oder nur »Denken«. Wenn dein Gedanke eine vergangene Situation betrifft, dann benenne ihn »Vergangenheit«, oder wenn du an etwas denkst, was dir bevorsteht, dann benenne den Gedanken »Zukunft«, und dann lasse ihn einfach weiterziehen.*
- *Verurteile dich nicht, wenn du gedanklich abschweifst, sondern sei sanft und freundlich zu dir. Komme jedes Mal, wenn du bemerkst, dass du im Denken bist, einfach wieder zur Beobachtung deines Atems zurück.*
- *Es gibt gerade nichts zu tun, außer zu sitzen und zu atmen. Entspanne dich immer weiter. Spüre, welche Muskeln du noch mehr entspannen kannst. Genieße diesen Moment der Stille, und fühle deine Stabilität und innere Geborgenheit.*
- *Werde dir selbst, deiner Präsenz, bewusst, und spüre deine Energie. Das ganze Universum besteht aus Energie und Licht, genau wie du.*
- *Atme, lächle, und verweile in dem ruhevollen Zentriertsein, dem offenen Gewahrsein.*

ERLÄUTERUNG:

Das offene Gewahrsein ist die wache Präsenz oder Gegenwärtigkeit im SEIN. Es bildet die Grundlage für alles, was wir in dem Moment erleben. Im offenen Gewahrsein liegt unser Fokus auf dem reinen Fühlen unseres Seins. In diesem Zustand können wir ganz in der gegenwärtigen Erfahrung anwesend sein. Alles, was sich in dem Moment zeigt, darf sein und wahrgenommen werden, wie es ist. Es geht nicht darum, das, was wir spüren, anders haben zu wollen. Wir sind vollkommen präsent in dem Moment.

Dieser Seinszustand ist grenzenlos und nicht vom Bewusstsein gesteuert. Wir richten uns auf nichts Bestimmtes aus, wir suchen nach nichts in unserem Geist, sondern befinden uns in einem energetischen Feld, das höher ist als unser Bewusstsein. Alles, was sich zeigt, darf da sein, und alles darf kommen und gehen. Wir bemerken und beobachten alles, was sich uns zeigt – ohne tiefer darauf einzugehen, ohne zu versuchen, es wegzudrängen oder daran festzuhalten. Wir fokussieren uns nicht darauf, sondern nehmen es wahr wie die Wellen des Meeres, die auch stetig kommen und gehen. Wenn es uns gelingt, im offenen Gewahrsein zu verweilen, verbinden wir uns mit der Quelle der universellen Liebe, der Weisheit und des Wissens in uns.

ÜBUNG 3:

Den heiligen Raum des Herzens öffnen (Körperübung)

Besonders schön ist es auch, wenn du dich nicht nur geistig, sondern auch körperlich auf dein Herz einstimmst – genau wie beim Yoga, wo Körper, Geist und Seele auch in einen entspannten und ausgeglichen Zustand gebracht werden können.

Nimm zunächst wieder Kontakt zu deinem spirituellen Herzen auf – siehe Übung 1.

ANLEITUNG:

- *Lege ein Kissen oder eine gerollte Decke unter deinen Oberkörper, sodass deine Brustwirbelsäule leicht angehoben wird. Lege deine Arme angewinkelt oberhalb des Kissens oder der Rolle ab. Die Handinnenflächen sind nach oben geöffnet.*
- *Die Beine sind lang gestreckt, und deine Füße können dabei leicht nach außen fallen. Wenn du ein Hohlkreuz hast, stütze dein Becken mit einem kleinen Kissen, damit du ganz entspannt in der Position liegen kannst. Entspanne alle Muskeln deines Körpers. Spüre den Boden unter dir, und stelle dir vor, wie dein Körper sanft in den Boden sinkt.*
- *Wenn du möchtest, dann schließe deine Augen, und lasse den Blick hinter deinen Augenlidern weich werden. Möchtest du deine Augen lieber geöffnet halten, dann suche dir einen Punkt, zum Beispiel an der Zimmerdecke, aber fixiere den Punkt nicht, sondern lasse deinen Blick sanft dort ruhen.*
- *Mache eine kleine Reise durch deinen Körper, um dich noch mehr zu entspannen. Beginne bei den Füßen, und wandere dann Stück für Stück nach oben. Lasse bewusst alle Anspannung los. Wenn du am Kopf angekommen bist, entspanne auch deine Gesichtsmuskulatur. Löse die Anspannungen um die Augen und um den Mund herum, entspanne auch deinen Kiefer.*

- *Besonders schön ist es, wenn du dir währenddessen selbst freundlich zulächelst. Spüre, wie sich deine Energie in dieser Position verändert, wenn du sanft lächelst, und spüre die Verbindung zu deinem Herzen, während dein Körper sich entspannt.*
- *Bleibe für ca. fünf Minuten oder so lange es dir beliebt in der Position, um den Raum deines Herzens zu öffnen.*

Heilung für das spirituelle Herz

»Wenn du achtsam bist, was sich dir im gegenwärtigen Moment offenbart, kannst du mit Freude oder mit Leid in Berührung kommen. Deinen Herzenswunden mit Achtsamkeit zu begegnen und sie aufzudecken hilft nicht nur dabei, dass Wandlung und Heilung geschehen können, sondern du kannst auch alles Schöne wieder in seiner vollen Intensität und Größe wahrnehmen.«

Die Achtsamkeit des Herzens

Mittlerweile haben zahlreiche wissenschaftliche Untersuchungen belegt, dass die Praxis der Achtsamkeit, so, wie sie im Buddhismus gelehrt wird, unsere Gedanken, Gefühle und sogar unsere körperliche Gesundheit nachhaltig positiv verändern kann. Doch was ist mit dem Begriff »Achtsamkeit« genau gemeint?

Unter Achtsamkeit versteht man eine offene und akzeptierende Haltung gegenüber allem, was im gegenwärtigen Moment erlebt wird. In der Achtsamkeitspraxis geht es darum, vollkommen präsent zu sein und sich ganz bewusst auf

den Augenblick, das Hier und Jetzt, einzulassen. Darum, auf alles zu achten, was wir gegenwärtig wahrnehmen, fühlen und spüren. Wenn wir achtsam sind, können wir in einen tiefen Kontakt mit unseren inneren Kraftquellen treten.

Achtsamkeit ist keine Methode oder Technik, sie ist vielmehr eine innere Haltung. Um Achtsamkeit zu erfahren, müssen wir nicht erst Buddhist werden. Sie bietet uns eine wunderbare Möglichkeit, mit uns selbst in Kontakt zu kommen – einfach indem wir unseren Körper, unseren Atem, unsere Gefühle und unsere Gedanken und die Bewegungen unseres Geistes unmittelbar beobachten und bewusst erleben. Wir bemerken, wenn Gedanken aufsteigen.

Da unser Geist ein ständiger Wanderer ist, werden in der Stille und in der Meditation immer wieder Gedanken wie Wolken an uns vorbeiziehen. Wir bemerken diese »Gedankenwolken« zwar, aber wir versuchen nicht, sie festzuhalten oder ihnen zu folgen. Wir lassen sie kommen, nehmen sie kurz wahr und lassen sie dann vorüberziehen. Wir wissen, Wolken kommen und gehen, und wir besinnen uns auf die Lücke zwischen den Wolken, den blauen, leeren Himmel. Dieser Zwischenraum am Himmel steht für die Gedankenleere.

Durch die Praxis der Achtsamkeit können wir eine neue Haltung entwickeln, aus der heraus wir wach, präsent, aufmerksam und vor allen Dingen auch freundlich sind und ohne zu werten wahrnehmen, was von Moment zu Moment in uns geschieht. Durch die achtsame Haltung werden Entwicklung und Wachstum, ja, sogar Heilung möglich.

Weil unser spirituelles Herz auf der körperlichen Ebene mit dem physischen Herz und der Lunge verbunden ist, wird deutlich, warum die Atmung eine so wichtige Rolle spielt. Die Atmung und die Beobachtung der Atmung sind elementare Bestandteile der Achtsamkeitsmeditation. Der Atem unterstützt uns dabei, unsere Achtsamkeit aufrechtzuerhalten, und fungiert gleichzeitig auch als Strom, der uns mit der Schöpfung verbindet. Der Herzensraum öffnet sich bei jedem bewussten Ein- und Ausatmen. In diesem Raum kann alles geschehen, denn er liegt jenseits der Dualität, wo es keine Wertung gibt. Durch das spirituelle Herz verbinden wir uns mit der Quelle der bedingungslosen Liebe und können das Gefühl des Einsseins erfahren, das Gefühl, mit allem verschmolzen zu sein. Die Einheit und Verbundenheit von allem, was existiert, kann für uns deutlich und spürbar werden. Symbolisch betrachtet ist der Atem die Verbindung allen Lebens: die Luft, die uns umgibt, die wir in uns aufnehmen, um sie wieder in die Welt zu geben.

Achtsamkeit wirft ihr Licht auf alles, was ist, erhellt tiefere Ebenen unseres Selbst. Achtsamkeit bringt uns die Kraft der Konzentration, schenkt uns Bewusstheit für das, was wirklich ist. Sie führt uns zu tiefer Einsicht, schenkt uns Erkenntnis und lässt uns erwachen. Achtsamkeit ist die Grundlage buddhistischer Praxis, aber sie ist auch jenseits aller Religionen eine große spirituelle Kraft. Wenn wir uns in schwierigen Situationen unseres Atems bewusst bleiben, wird das unsere Art zu handeln immens verändern. Unsere achtsame Haltung wird nicht nur uns selbst, sondern auch anderen Menschen, den Tieren, der Natur und somit unserem ganzen Planeten zugutekommen. Achtsamkeit bildet für mich persönlich die Grundlage jedes spirituellen Tuns.

ÜBUNG 4:

Dem spirituellen Herzen mit Achtsamkeit begegnen

Nimm zuerst wieder Kontakt zu deinem spirituellen Herzen auf – siehe Übung 1.

ANLEITUNG:

- *Schließe deine Augen. Wenn du sie lieber offen halten möchtest, dann lasse deinen Blick etwas nach unten sinken und vor dir ruhen. Vielleicht findest du einen bestimmten Punkt, auf dem dein Blick ruhen kann, ohne dass du diesen Punkt fixierst. Lasse deinen Blick sich entspannen und weich werden. Auch bei geschlossenen Augen kannst du den Blick hinter den Augenlidern ganz weich und sanft werden lassen. Stelle dir vor, deine Augen würden gerade freundlich schauen und lächeln.*
- *Lege eine Hand oder beide Hände sanft auf dein Herz, und spüre deinen Herzschlag. Fühle das regelmäßige Klopfen und Pulsieren deines Herzens. Nimm auch die Wärme deiner Hand/deiner Hände wahr, und spüre, wie die Energie und die Wärme sanft in dein Herz sinken. Spüre die Ener-*

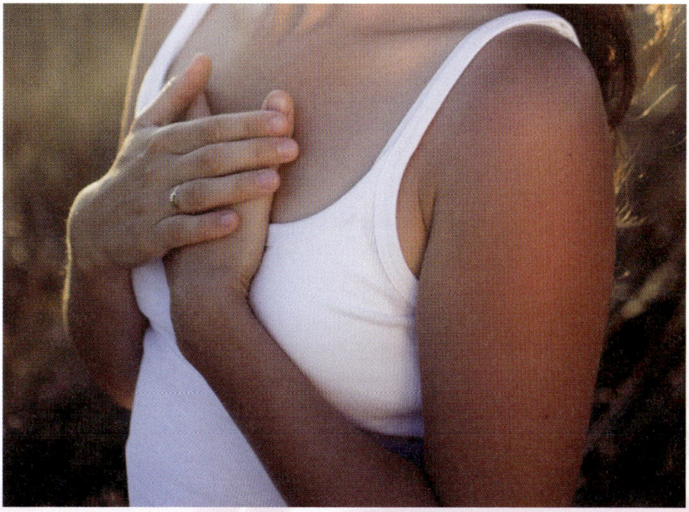

gie, die jetzt in deinem Herzen ist oder gerade ins Fließen kommt. Fühle die Kraft, die deinem Herzen innewohnt, und nimm diese Lebendigkeit ganz bewusst wahr – mehr brauchst du nicht zu tun.

- *Immer dann, wenn Gedanken aufsteigen, die dich ablenken, komme ganz achtsam und sanft zu deinem Herzen zurück. Richte deine volle Aufmerksamkeit wieder auf dein Herz. Vielleicht hilft es dir, wenn du den Kontakt mit deiner Herzenergie mit deiner Atmung begleitest.*
- *Mit jedem Einatmen atmest du reine, klare Energie in dein spirituelles Herz. Mit jedem Ausatmen lässt du die Energie wieder los. Spüre, wie sich dein Atem in deinem Herzen ausdehnt. Mit jedem Atemzug dehnt sich die Energie in deinem Herzen immer weiter aus. Beobachte deine Atmung, und spüre dein Herz.*
- *Nimm wahr, wie dein Ein- und Ausatmen dein Herz berührt. Spüre, wie dein Atem in deinen Körper hinein- und hinausströmt. Spüre die Luft an deinen Nasenlöchern. Vielleicht ist die Luft kühler, wenn sie hineinströmt, und wärmer, wenn sie wieder herausströmt. Stelle dir vor, wie du durch dein Herz ein- und ausatmest. Deine Atmung fließt ganz sanft durch dein Herz.*
- *Gib dich dem Energiefluss hin, und lasse alle Anspannungen los. Nimm das Gefühl von Annehmen in deinem Herzen wahr, das beim Einatmen erzeugt wird, und das Gefühl von Loslassen bei der Ausatmung. Entspanne dein Herz und deinen Körper immer mehr. Halte nichts mehr fest oder zurück, sondern gib dich hin, lasse geschehen, und lasse es frei.*
- *Bleibe ganz in der Aufmerksamkeit für dich und dein spirituelles Herz. Sei für den Moment besonders liebevoll und freundlich zu dir. Fühle die Geborgenheit, die du deinem Herzen in diesen Moment schenkst. Atme reine, klare Energie, und lasse sie in dein spirituelles Herz sinken. Verbleibe in der Achtsamkeit deines Herzens, so lange es dir beliebt.*

BEENDEN DER ÜBUNG:

Wenn du die Übung beendest, dann atme drei Mal tief ein und aus. Komme wieder langsam in den Raum zurück, in dem du dich befindest, und werde dir deiner Umgebung und deiner selbst bewusst. Achte auf dein Tempo, und nimm dir die Zeit, die du brauchst, um wieder ganz im Hier und Jetzt anzukommen. Wenn du möchtest, dann bewege dich vorsichtig – vielleicht willst du deinen Körper dehnen und strecken. Sei ganz sanft mit dir. Vielleicht kannst du dieses sanfte Gefühl, achtsam mit deinem Herzen zu sein, mit in deinen Alltag nehmen. Jedes Mal, wenn du spürst, dass du in Stress geraten bist, deine Gedanken herumwirbeln oder dein Körper und seine Muskeln sich verspannen, dann gönne dir eine kurze Achtsamkeitspause (drei Minuten reichen schon aus), und kehre über die bewusste Herzatmung wieder in deine Mitte zurück.

ERLÄUTERUNG:

Die Energie folgt immer der Aufmerksamkeit, und so bewirkt diese einfache Übung, dass sich durch gezielte Achtsamkeit mehr und mehr Energie in deinem Herzen sammelt.
Du kannst diese Übung immer und überall machen. Besonders schön ist es, sie gleich morgens nach dem Aufwachen durchzuführen und so den Tag zu beginnen. Natürlich kannst du

auch dann üben, wenn du gestresst bist und das Gefühl hast, aus dem inneren Gleichgewicht geraten zu sein. Je regelmäßiger du Kontakt mit deinem Herzen aufnimmst, desto besser, schneller und tiefer kommst du in dein Herz. Probiere es auch zwischendurch immer einmal wieder aus – vielleicht wenn du Mittagspause hast oder eine Wartezeit überbrücken musst. Nutze die Zeit, um dein Herz zu besuchen. Du kannst damit auch deinen Tag verabschieden, indem du vor dem Einschlafen in dein Herz gehst. Lasse alle Gedanken und Beschäftigungen des Tages ganz bewusst los. Es kann sehr beruhigend sein, sich auf sein Herz zu konzentrieren, weil es auch den bewegten Geist sanft in die Stille und Ruhe bringt.

Sich durch alle Gefühle und Gefühlsschichten sinken lassen

In den Übungen können auch mehrere Gefühle auftauchen. Nimm sie so wahr, wie sie sind – auch wenn es Gefühle wie Hass, Missgunst oder Gier sind, die man natürlich nicht haben möchte. Sei ganz offen und ehrlich mit dir! Wenn du also gerade wahrnimmst, dass du ängstlich, wütend, neidisch und/oder enttäuscht bist, dann dürfen diese Gefühle gewürdigt werden und ihren Platz in deinem Herzen bekommen. Aufkommende Gefühle kannst du kurz benennen: »Da ist Angst … Wut … Neid … Enttäuschung … etc.« Und dann spürst du die entsprechende Körperempfindung dazu, und du erlaubst dir, diese jetzt wahrzunehmen.

Es ist ein Unterschied, ob du sagst »Ich bin ängstlich« oder »Da ist Angst«. Durch »Ich bin ängstlich« findet eine Identifikation mit dem Gefühl statt – du bist von dem Gefühl ergriffen, es ergreift sozusagen Besitz von dir. Wenn du hingegen »Da ist Angst« wahrnimmst, dann gehst du gleich in etwas mehr Abstand zu dem Gefühl. Du fühlst dich nicht

so sehr mit dem Gefühl verschmolzen, ihm ausgeliefert, sondern kannst es aus einer anderen Perspektive, einem neuen Blickwinkel, sozusagen von außen betrachten.

Wichtig: Wir haben selten nur ein einziges Gefühl, meistens sind gleich mehrere Gefühle miteinander verknüpft. Sollten in den Übungen also mehrere Gefühle zeitgleich in dir aufkommen und präsent sein, dann gehe Schritt für Schritt von einem Gefühl zum nächsten. Vielleicht hilft es dir, wenn du mit dem Gefühl beginnst, das sich gleich als Erstes gezeigt hat oder zu dem du einen einfachen Zugang hast.

- Mache dir bewusst, was du in diesem Moment fühlst.
- Nimm alle Gefühle (positive und negative) einfach nur wahr.
- Benenne die Gefühle (»Da ist Angst ... Wut ... Trauer ... Ärger ... Hilflosigkeit ... Leichtigkeit ... Freude ... usw.«)
- Nimm jedes Gefühl einzeln wahr, jedoch ohne es zu bewerten!
- Gib dem Gefühl die Erlaubnis, jetzt da zu sein. Es hat das Recht, gefühlt zu werden.
- Nimm das Gefühl so wahr, wie es sich gerade zeigt.
- Erlaube dem Gefühl, sich in seiner vollen Größe und Intensität zu zeigen.

- Versuche nicht, das Gefühl zu verdrängen, sondern sei bereit, es anzunehmen, es bejahend zu fühlen.
- Nimm das Gefühl in deinem Körper wahr. Wo kannst du dieses Gefühl spüren? In welchem Körperteil fühlt sich die Emotion am stärksten an?
- Frage dein Herz: »Was brauchst du gerade? Welche Herzqualität brauchst du jetzt?«

Herzqualitäten können sein: Achtsamkeit, Liebe, Mitgefühl, Respekt, Achtung, Würdigung, Verständnis, Erlaubnis, Vertrauen, Vergebung, Dankbarkeit, Wahrhaftigkeit, Hingabe, Heilung, liebevolle Annahme. (In meinem Buch »Hand auf dein Herz« geht es um zwölf Herzqualitäten und wie diese entwickelt werden können.)

- Nimm das Gefühl ganz in dein Herz, und gib ihm die Qualität, die es jetzt braucht.
- Spüre, dass alle Gefühle (auch Bilder und Gedanken, die dazu auftauchen) wie Wellen kommen und wieder gehen.
- Beende die Übung, wenn du alle Gefühle und Gefühlsschichten durchgearbeitet hast.
- Gehe abschließend noch einmal zu deinem Anliegen oder deinem Ausgangspunkt zurück, und spüre, wie es sich jetzt anfühlt. Wie fühlt sich dein Körper jetzt an?
- Manche Gefühle möchten einfach nur wahrgenommen, also vollständig gesehen und gefühlt werden. Wenn alles in dir ruhig und friedlich ist, dann atme einige Male bewusst ein und aus, und komme wieder langsam in den Raum zurück, in dem du dich befindest.

Ein Beispiel zur Durcharbeitung mehrerer Gefühle und Gefühlsschichten

Wenn du mit einem bestimmten Thema oder einer Person arbeitest, kann das wie folgt geschehen.

Nimm zunächst wieder Kontakt zu deinem spirituellen Herzen auf – siehe Übung 1.

ANLEITUNG:

- *Finde eine Ausgangssituation oder eine Angelegenheit, mit der du arbeiten möchtest. Für den Prozess spielt es keine Rolle, ob es die Vergangenheit, die Gegenwart oder die Zukunft betrifft. Es kann um ein aktuelles Lebensthema gehen, eine bestimmte Person oder etwas, was dir noch bevorsteht, wie eine Prüfung oder ein anderes Ereignis, dem du mit Stress und Anspannung entgegensiehst.*
- *Benenne kurz das, worum es geht. Vielleicht ist es ein Thema, das sich immer wieder in deinem Leben zeigt, oder eine Situation, die dich belastet und unglücklich stimmt. Oder*

auch eine Person, die dich derzeit am meisten beschäftigt oder über die du dich besonders aufregst und ärgerst. Benenne das Thema, oder stelle dir die Situation oder Person im Geiste vor.

- *Lasse dich auf das Gefühl, das sich als Erstes in deinem Herzen zeigt, ganz bewusst ein. Spüre und benenne die Emotion: »Da ist WUT.« Spüre dann, wo du die Wut in deinem Körper wahrnehmen kannst. Beispielsweise: Die Wut sitzt im Bauch.*
- *Lasse die eine Hand auf deinem Herzen liegen, und lege die andere Hand auf deinen Bauch, und nimm die Wut in deinem Bauch bewusst wahr. Sprich oder denke: »Da ist Wut – ich erlaube ihr, jetzt da zu sein.« Fühle sie in ihrer vollen Größe. Spüre die Hand auf deinem Herzen, und spüre die Hand auf deinem Bauch, dann spüre die Verbindung zwischen deinen beiden Händen.*
- *Atme einige Male tief ein und aus. Wenn du möchtest, kannst du dir die Wut auch etwas genauer anschauen:*

  - Hat die Wut eine Farbe?
  - Hat sie eine Form?
  - Hat sie einen Klang, oder gibt es ein Geräusch dazu?
  - Gibt es einen Geruch?
  - Welche Qualität braucht die Wut jetzt, um Heilung zu erfahren?

- *Wenn du die Wut mit all deinen Sinnen erkundet und erforscht hast und ihr die Qualität, die sie braucht (zum Beispiel Verständnis), gegeben hast, nimm wahr, wie sich dein Bauch jetzt anfühlt. Wenn er sich frei anfühlt, dann wende dich wieder deinem Herzen zu, und schaue, welches Gefühl jetzt in dir aufsteigt.*
- *Spüre und benenne die nächste Emotion: »Da ist TRAUER«. Spüre dann, wo du die Trauer in deinem Körper wahrnehmen kannst. Beispielsweise: Die Trauer sitzt im Hals.*

- *Lasse die eine Hand auf deinem Herzen liegen, und lege die andere Hand auf deinen Hals. Nimm die Trauer in deinem Hals bewusst wahr. Sprich oder denke: »Da ist Trauer – ich erlaube ihr, jetzt da zu sein.« Fühle auch sie in ihrer vollen Größe. Spüre die Hand auf deinem Herzen, und spüre die Hand auf deinem Hals, dann spüre die Verbindung zwischen deinen beiden Händen.*
- *Atme einige Male tief ein und aus, während du mit der Aufmerksamkeit zwischen den beiden Punkten pendelst. Du kannst dir auch die Trauer genauer anschauen:*

    - Hat die Trauer eine Farbe?
    - Hat sie eine Form?
    - Hat sie einen Klang, oder gibt es ein Geräusch dazu?
    - Gibt es einen Geruch?
    - Welche Qualität braucht die Trauer jetzt, um Heilung zu erfahren?

- *Wenn du die Trauer mit all deinen Sinnen erkundet und erforscht hast und sie mit der Qualität, die sie braucht (zum Beispiel Verbundenheit), genährt hast, nimm wahr, wie sich dein Hals nun anfühlt. Wenn er sich frei anfühlt, dann wende dich wieder deinem Herzen zu, und schaue, welches Gefühl jetzt in dir aufsteigt.*
- *Spüre und benenne die nächste Emotion: »Da ist ANGST«. Spüre dann, wo du die Angst in deinem Körper wahrnehmen kannst. Beispielsweise: Die Angst sitzt im Nacken.*
- *Lasse eine Hand auf deinem Herzen liegen, und lege die andere Hand auf deinen Nacken. Nimm jetzt die Angst im Nacken bewusst wahr. Sprich oder denke: »Da ist Angst – ich erlaube ihr, jetzt da zu sein.« Fühle deine Angst in ihrer vollen Größe. Spüre die Hand auf deinem Herzen, und spüre die Hand auf deinem Nacken, dann spüre die Verbindung zwischen deinen beiden Händen.*

- *Atme einige Male tief ein uns aus, während du mit der Aufmerksamkeit zwischen den beiden Punkten hin und her pendelst. Du kannst dir auch die Angst noch etwa genauer anschauen:*

  - Hat die Angst eine Farbe?
  - Hat sie eine Form?
  - Hat sie einen Klang, oder gibt es ein Geräusch dazu?
  - Gibt es einen Geruch?
  - Welche Qualität braucht die Angst jetzt, um Heilung zu erfahren?

- *Wenn du die Angst mit all deinen Sinnen erkundet und erforscht hast und sie mit der Qualität, die sie braucht (zum Beispiel Liebe), ausreichend versorgt hast, nimm wahr, wie sich dein Nacken jetzt anfühlt. Wenn er sich frei anfühlt, dann wende dich wieder deinem Herzen zu, und schaue, welches Gefühl jetzt in dir aufsteigt.*

BEENDEN DER ÜBUNG:

Wenn du alle Gefühle durchgearbeitet hast, wird es sich ruhig und friedlich in dir anfühlen. Sobald sich ein harmonisches Wohlgefühl einstellt, kannst du die Übung beenden. Wenn du noch immer Unruhe oder Unwohlsein in dir wahrnehmen kannst, dann wiederhole diese Übungsschritte so lange, bis du alle Emotionen und Gefühlsschichten durchgearbeitet hast. Du lässt dich durch jedes Gefühl und jede einzelne Gefühlsschicht sinken.

WICHTIGER HINWEIS:

Übe nur so lange weiter, wie es dir in dem Moment angenehm ist. Bei allen Übungen solltest du stets gut auf deinen Körper und seine Empfindungen achten. Bitte überfordere dich nicht, und zwinge dich nicht weiterzumachen, um möglichst viel durchzuarbeiten. Du kannst die Übung jederzeit wiederholen.

Bedenke: Weniger ist manchmal mehr. Auch kleine Schritte bringen dich ans Ziel. Sei sanft und liebevoll mit dir!

ERLÄUTERUNG:

Meistens existieren mehrere Gefühle hinsichtlich einer Angelegenheit. Es kann natürlich sein, dass es ausreicht, eine einzelne Emotion zu bearbeiten. Häufig jedoch existiert in uns ein wahres Gefühlsknäuel, in dem die Emotionen miteinander verstrickt sind. Du kannst aus diesem Knäuel eine Emotion nach der anderen herausarbeiten. Fühle dich ein, und schaue, wie viele Emotionen du jetzt gerade bearbeiten kannst, ohne dich emotional zu überfordern. Sorge stets für dein Wohlergehen, denn es soll dir gut dabei gehen! Nimm dir für die Heilung deines spirituellen Herzens die Zeit, die es braucht. Und manchmal braucht es mehrere Schritte und Durchläufe. Achte auf das Tempo, welches dein Herz dir vorgibt. Auch wenn du vielleicht während der Arbeit mit deinem Herzen zu weinen beginnst, weil du mit blockierten Gefühlen in Kontakt kommst, sollte sich danach stets ein Gefühl von Befreiung, Losgelöstheit und Leichtigkeit einstellen.

Die Klärung und Heilung des Herzens

»In einem offenen und geheilten Herzen leuchtet das Licht am hellsten. Entfache das Feuer deines Herzens, und trage dein Licht in die Welt.«

Imagination – das Herz mit Licht klären und reinigen

Alles Leben benötigt Wasser und Licht, um zu wachsen. Unser physischer Körper ist von unserem Energiekörper umgeben. Dieser ist feinstofflich und unterscheidet sich von Mensch zu Mensch durch seinen Inhalt, seine Form, seine Struktur und auch durch seine Farben. Für Letztere ist er daher auch sehr empfänglich und reagiert stark auf sie.

Die Farbtherapie gilt als eine der ältesten alternativen Behandlungsmethoden. Auch in der östlichen Tradition werden Farben zu therapeutischen Zwecken eingesetzt. Farben und farbiges Licht besitzen eine Vielzahl an energiereichen Informationen, die den lebenden Organismus auf vielfältige Weise unterstützen können und ihm helfen, sich selbst zu regenerieren. Vereinfacht kann man sagen, dass Farben die

Träger und Übermittler von energetischen Informationen sind. Über Hautrezeptoren werden die Lichtfrequenzen und Farbschwingungen an die entsprechenden Energiezentren und die dazugehörigen Organe weitergeleitet und dadurch deren Funktion positiv beeinflusst.

Farben können in unseren Zellen Resonanzen erzeugen, die sich dahin gehend positiv auswirken, dass sie unsere Zellen durchfluten und zum Mitschwingen anregen. So kann eine bestimmte Farbe beispielsweise die innere Balance wiederherstellen, eine andere die Selbstheilungskräfte aktivieren. Es gibt verschieden Möglichkeiten, wie wir Farben aufnehmen können, zum Beispiel visuell (durch Anschauen und Wahrnehmen der Farben um einen herum) oder oral (über die Nahrung). Man kann auch eine Visualisierungstechnik einsetzen, um den Energiekörper mittels Kraft der Gedanken mit Licht und Farbe zu versorgen.

ÜBUNG 5:

Spirituelle Herzreinigung mit weißem Licht

Bei der Übung kannst du mittels Imagination arbeiten und dein Herz energetisch reinigen. Hierbei empfiehlt es sich, die Augen geschlossen zu halten, um sich nicht von äußeren Bildern ablenken zu lassen.

Nimm zunächst wieder Kontakt zu deinem spirituellen Herzen auf – siehe Übung 1.

ANLEITUNG:

- *Wenn du mit deinem Herzen verbunden bist, öffne deine Hände, und stelle dir in deinen Handflächen eine leuchtend weiße Kugel vor. Spüre die Energie dieser weißen Kugel. Stelle dir vor, dass diese weiße Kugel ein energetischer Reinigungslichtball ist. Wie fühlt sich der Lichtball in deinen Händen an? Ist er warm oder eher kalt? Ist er leicht oder schwer? Kribbelt er in deinen Händen?*
- *Wenn du seine Energie wahrnehmen kannst, führe den Lichtball ganz sanft zu deinem Energiekörper und zur Mitte deines Herzens. Stelle dir vor, wie der Lichtball in dein Herz eintaucht und das klare, weiße Licht dein Herz sanft umhüllt. Der Lichtball umschließt dein Herz wie eine Schutzhülle und hält es sicher und geborgen. Bei jedem Einatmen fließt weißes, reines Licht tief in dein Herz hinein. Bei jedem Ausatmen fließt dieses Licht zurück ins Universum.*
- *Nun spüre, wie sich der weiße Lichtball ganz langsam und zart in deinem Herzen bewegt und sanft Kreise zieht. Nimm wahr, ob sich der Lichtball rechts oder links herum dreht. Probiere beide Drehrichtungen aus, und spüre, bei welcher Drehrichtung sich dein Herz mehr weitet und sich wohler fühlt.*
- *Entscheide dich für die Richtung, die dir angenehm ist, und spüre, wie dieser weiße Lichtball in deinem Herzen immer*

weiterkreist und es sanft von allen Belastungen und Verletzungen befreit, es reinigt und heilt. Vielleicht zeigen sich dir innere Bilder, die du zuordnen kannst, vielleicht aber auch Bilder, die dir unbekannt erscheinen, oder Situationen und Personen, über die du dich wunderst, dass sie jetzt vor deinem inneren Auge auftauchen. Wenn keine Bilder erscheinen, ist das auch in Ordnung.

- *Bleibe einfach bei deinem gegenwärtigen Körpergefühl. Gehe mit deiner Aufmerksamkeit immer wieder zur Mitte deines Herzens, und spüre dort den weißen Reinigungslichtball. Fühle die Energie, die er verströmt. Spüre seine angenehmen und wohlig warmen Wellen, nimm wahr, wie er in deinem Herzen sanft seine heilenden Kreise zieht. Fühle, wie sich dein spirituelles Herz mit weißem Licht füllt und sich die Energie noch weiter ausdehnt.*
- *Von deinem Herzen aus strömt die reinigende und heilende Energie dann weiter und dehnt sich in deinem gesamten Körper aus. Dein gesamter Körper ist eingehüllt in klares, weißes Licht. Fühle dich geborgen, gehalten und beschützt. Führe die Reinigung deines Herzens und deines gesamten Energiekörpers so lange durch, wie es dir beliebt.*

BEENDEN DER ÜBUNG:

Wenn du die Übung beenden möchtest, dann atme drei Mal tief ein und aus. Komme wieder langsam in den Raum zurück, in dem du dich befindest, und werde dir deiner Umgebung und deiner selbst bewusst. Achte auf dein Tempo, und nimm dir die Zeit, die du brauchst, um wieder ganz im Hier und Jetzt anzukommen. Wenn du möchtest, dann bewege dich vorsichtig – vielleicht willst du deinen Körper dehnen und strecken. Sei ganz sanft mit dir.

ERLÄUTERUNG:

Farben und farbiges Licht besitzen eine Vielzahl an energiereichen Informationen, die über die feinstofflichen Schichten unseres Körpers bis tief in unsere Zellen wirken und unsere Selbstheilungskräfte anregen. Immer wenn du dich energetisch klären oder reinigen willst, dann wähle weißes Licht, denn es ist das universelle, göttliche Licht – es gibt nichts, was reiner ist.

Weiße Lichtenergie reinigt aber nicht nur unseren physischen Körper, sondern klärt und reinigt auch unseren feinstofflichen Energiekörper und darüber hinaus das transpersonale Bewusstseinsfeld, über das wir mit allen anderen Wesen, der Umgebung und dem Universum verbunden sind.

TIPP

Mit weißer Lichtenergie kannst du auch Orte, Räume, Plätze, Häuser, Gärten, Grundstücke und auch Gegenstände von schädlichen Energien reinigen. Ebenso kannst du weiße Lichtenergie zu Städten, Wäldern, Seen, Flüssen, Ländern und Teilen der Erde, wie beispielsweise Krisengebieten, senden, damit die dort gebundene Energie transformiert werden kann. Stelle dir vor, wie weißes Licht das Ziel, das du visualisierst, erfüllt oder sich wie eine Welle darüberlegt und die dunkle, schwere Energie in leichte Energie umwandelt. Sei kreativ, und schaue, in welcher Form du die weiße Lichtenergie zur Reinigung einsetzen kannst.

Durch Vergebung entstehen wahre Freiheit und innerer Frieden

*»Wenn du etwas von dem, was dich belastet,
loslassen kannst, bist du etwas befreiter.
Wenn du von dem, was dich belastet,
viel loslassen kannst, bist du viel befreiter.
Wenn du alles, was dich belastet, loslässt,
bist du vollkommen frei.«*

Wir alle sind geprägt von unserer Vergangenheit. Alle Erlebnisse, Gefühle, Gedanken und Erfahrungen hinterlassen Eindrücke – gute und schlechte. Diese Eindrücke prägen uns und werden tief in uns abgespeichert. Aufgrund dieser Erfahrungen und Eindrücke urteilen und handeln wir. Erfahrungen, bewusste und unbewusste, beeinflussen unsere Handlungen, ohne dass wir es bemerken. Wir haben sozusagen den Autopiloten an, der uns steuert. Das kann gut funktionieren, aber nicht selten produzieren wir im Modus der Autopilotsteuerung auch neues Leid.

Unsere Seele ist jedoch stets auf Heilung ausgerichtet. Sie fordert uns immer wieder dazu auf hinzuschauen, um endlich in Frieden mit allem, was war, zu kommen. Wir können dem Schmerz tatsächlich ein Ende setzen: Indem wir uns ganz radikal dafür entscheiden, Vergebung zu erfahren, egal, wie schwierig unsere Vergangenheit auch gewesen sein mag, welches Leid auch immer wir erfahren haben, sei es, dass wir geschlagen oder missbraucht wurden, dass wir hintergangen, betrogen oder verlassen wurden.

Unser Verstand erlebt jede Kränkung als eine Abwertung seiner selbst. Doch wir sollten es uns wert sein, das Vergangene loszulassen, um endlich frei zu werden, egal, wie lange die Verletzung zurückliegt. Zeit spielt dabei keine Rolle. Wenn wir uns von allen alten Verletzungen befreien, ermöglichen wir es uns, wahre Freiheit im spirituellen Herzen zu spüren. Wenn wir bereit sind, allen »Tätern« zu verzeihen, den Eltern, Geschwistern, Kindern, Partnern, Mitschülern,

Kollegen oder Arbeitgebern, können wir uns dem Prozess der wahren Vergebung hingeben. Wir sollten uns bewusst machen, dass jede Aufrechterhaltung von Schuldzuweisung zur Folge hat, dass wir uns selbst dazu verurteilen, ein Opfer zu sein. Wenn wir eine Geschichte immer wieder erzählen, immer wieder in sie eintauchen, wird sie deshalb nicht besser. Auch lösen sich die Gefühle, die daran gebunden sind, nicht einfach von alleine auf. Solange die Geschichte noch in uns wirksam ist, bleiben wir im Opferbewusstsein gefangen.

Wenn du dich zum Opfer erklärst, bedeutet das, dass du deine Energie an diese Opfergefühle bindest. Und was wird dann wohl geschehen? Richtig, du erzeugst damit noch mehr Situationen, in denen du das Opfer bist. Um aus diesem Kreislauf auszusteigen, müssen wir verstehen, dass nur wir selbst eine Veränderung bewirken können. Niemand anderes kann das für uns tun. Genauso wie auch wir niemand anderen verändern können, wenn er die Veränderung selbst nicht will. Jeder kann immer nur für sich selbst etwas verändern.

Wenn wir dieses Bewusstsein wirklich tief in uns verankert haben, dann hören wir augenblicklich auf, anderen die Schuld für etwas zu geben, weil wir wissen, dass wir einen eigenen Anteil daran haben, und bereit sind, diesen Teil der Verantwortung zu tragen. An dem Beispiel einer Beziehung verdeutlicht: Zu einer Partnerschaft gehören immer zwei Partner. Beide sind für den Erhalt und die Pflege der Beziehung zuständig. Wenn es zu einer Trennung kommt, dann trägt jeder seinen Teil der Verantwortung. Beide Partner haben (bewusst oder unbewusst) dazu beigetragen, dass die Beziehung in die Brüche gegangen ist. Das zu verstehen und wirklich anzunehmen kann das Ende und den Ausstieg aus dem Opferbewusstsein bedeuten. Ein sehr heilsamer Ansatz!

Alles, was wir in der Vergangenheit als Verletzung erfahren haben, und jede Verletzung, die wir einem anderen zugefügt haben, blockiert unser spirituelles Herz. Wir sehnen uns nach Frieden, Freude, Leichtigkeit und vor allem nach Liebe. Leider glaubt unser Verstand oft, dass das alles von außen kommt. Und so beginnen wir, unser Glück bei anderen zu suchen, anstatt es in uns selbst zu finden. Wir erwarten vom Partner und anderen Menschen um uns herum, dass sie uns glücklich machen. Die Quelle der Lebensfreude und der Freiheit ist jedoch nur an einem Ort zu finden: in unserem spirituellen Herzen. Vergeben bedeutet, den anderen in Frieden loslassen zu können. Wir können beispielsweise den Täter in seiner Unvollkommenheit wahrnehmen und vielleicht erkennen, dass er selbst einmal Opfer gewesen ist, bevor er Täter wurde. Wir können seine Täterschaft als verzweifelten Versuch wahrnehmen, sich von seinen Opfergefühlen zu befreien.

Unser spirituelles Herz hat die Fähigkeit zu vergeben. Das Herz ist niemals nachtragend, es ist mitfühlend – in Bezug auf uns selbst und unsere Mitmenschen. Wir können uns entscheiden, den anderen in seiner Schuld zu lassen oder ihn zu »ent-schulden«. Viele Menschen wollen nicht vergeben, weil sie den Täter nicht aus seiner Rolle entlassen wollen. Sie sagen: »Mir wurde so ein großer Schmerz zugefügt, dafür soll der Täter ein Leben lang büßen.« Sie halten an der Tat und dem Schmerz fest und sprechen dem Täter weiter die Schuld zu. Einem anderen die ganze Schuld zuzuweisen ist augenscheinlich auch viel einfacher, als selbst einen Teil der Verantwortung zu übernehmen. Wir sollten dabei aber bedenken, dass wir den Täter, solange wir ihn in dieser Schuld lassen, an uns binden und wir somit auch an ihn gebunden bleiben. Das energetische Band zwischen Täter und Opfer, das durch starke negative Gefühle wie Schuld, Wut und Hass geprägt ist, wird nicht durchtrennt, sondern bleibt bestehen. Vergebung bedeutet nicht nur, dem anderen zu verzeihen und ihn freizulassen, sondern es bedeutet vor allem auch, sich selbst die vollkommene Freiheit zu schenken. Die Kraft der Vergebung kann Gefühle wie Ohnmacht, Schuld, Hass, Wut und Trauer im Herzen heilen. In der Vergebung können wir uns von vergangenem Schmerz lösen und uns frei der Zukunft und dem Fluss der göttlichen Energie hingeben.

ÜBUNG 6: Spirituelle Herzheilung durch Vergebung

Nimm zunächst wieder Kontakt zu deinem spirituellen Herzen auf – siehe Übung 1.

ANLEITUNG:

- *Mache eine Reise direkt zum Mittelpunkt deines Herzens, und nimm wahr, welche negativen Energien sich im Laufe der Zeit dort angesammelt haben. Wenn du emotionale Belastungen vorfindest, dann mache einfach eine innere Herzreinigung. Schaue, welche Situation in deinem Herzen eine emotionale Wunde hinterlassen hat, um die du dich noch nicht gekümmert hast. Was spürst du in deinem Herzen? Was hat dich verletzt? Spüre, was du jetzt für eine Erfahrung in deinem Herzen findest. Verlust, Ablehnung, Verrat, Trennung, Scheidung, Trauer und Kummer können tiefe emotionale Blockaden hervorrufen, wenn der damit verbundene Schmerz nicht erlöst wird.*
- *Schaue, welche Situation oder auch welche Person sich zeigt, die dich in der Vergangenheit verletzt hat. Betrachte die Bilder, die dazu erscheinen. Nimm alle Gefühle wahr, die in dir aufsteigen. Fühle jede einzelne Emotion, die damit zu tun hat, und spüre, wo im Körper du sie wahrnehmen kannst. Lasse dich durch alle Gefühle und Gefühlsschichten sinken, die aufkommen.* *(Siehe »Sich durch alle Gefühle und Gefühlsschichten sinken lassen«, S. 62 ff.)*
- *Sei bereit, das, was dich belastet und blockiert, jetzt freizulassen, damit du es vollständig verabschieden kannst. Versuche, beim Freilassen Liebe und Dankbarkeit zu empfinden, auch wenn das, was du freilassen möchtest, dir in der Vergangenheit Leid und Schmerz verursacht hat. Vielleicht hilft es dir, diese Erfahrung als Lektion zu verstehen, die dazu geführt hat, dass du und deine Seele inneres Wachstum erlangen konnten.*
- *Erkenne, dass nur du deine Heilung bewirken kannst, niemand anderes. Erlaube dir, alles in dir zu heilen. Lerne, dir*

selbst und anderen zu vergeben und alte, schmerzhafte Erfahrungen und die Gefühle, die daran gebunden sind, für immer freizulassen. Es ist der Weg zu innerem Frieden und zur wahren Freiheit.

Vielleicht kann dich die Farbe Violett in deiner Heilung unterstützen. Stelle dir dazu eine violette Flamme in deinem Herzen vor. Violett ist die Farbe der Spiritualität und dient der Transformation. Sie hat eine meditative Wirkung, wirkt auf das Unterbewusstsein und dient in der therapeutischen Arbeit als energetische Unterstützung bei der Bewältigung tiefenpsychologischer Probleme. In der Farbtherapie wird der violetten Farbschwingung eine schmerzstillende Wirkung zugeschrieben. Sie wird beispielsweise bei Migräne eingesetzt und fördert gesunden Schlaf, weil sie die beiden Gehirnhälften in Balance bringt. Im Vergleich zu weißem Licht hat violettes Licht noch eine besonders heilsam wirkende Schwingungskraft, die sich aus der Mitte des Herzens bis in alle feinstofflichen Schichten und physischen Zellen des Körpers ausweiten kann. Spüre die klärende und heilende Kraft der violetten Flamme, und stelle dir vor, wie alle schmerzhaften Erlebnisse und Erinnerungen deiner Vergangenheit in ihr verbrennen und vollständig aufgelöst werden.

BEENDEN DER ÜBUNG:

Wenn du die Übung beendest, atme einige Male tief ein und aus. Spüre bei jedem Einatmen Ruhe und bei jedem Ausatmen Frieden in deinem Herzen. Komme wieder langsam in den Raum zurück, in dem du dich befindest, und werde dir deiner Umgebung und deiner selbst bewusst. Achte auf dein Tempo, und nimm dir die Zeit, die du brauchst, um wieder ganz im Hier und Jetzt anzukommen. Wenn du möchtest, dann bewege dich vorsichtig – vielleicht willst du deinen Körper dehnen und strecken. Sei ganz sanft mit dir. Achte gut auf dich, und gönne dir Zeit zum Nachruhen, wenn dir danach ist. Trinke zum Ausschwemmen der Emotionen gut einen Liter Wasser oder Tee in kleinen Schlucken.

ERLÄUTERUNG:

Solange wir nicht vergeben, tragen wir eine emotionale Last mit uns herum. Dadurch riskieren wir die dauerhafte Trennung von unserem spirituellen Herzen. Zu vergeben lernen bedeutet nicht, dass wir daran arbeiten, das Verhalten des anderen zu billigen – wir arbeiten daran, den emotionalen Ballast abzulegen, damit wir innere und äußere Befreiung erleben können.

Alten Schmerz anzuerkennen und ihn als wichtige Erfahrung in Liebe und Dankbarkeit in dein Herz zu nehmen, ist die Grundlage, damit Vergebung stattfinden kann. Alles, was du dazu brauchst, ist die bewusste Entscheidung, diesen Schritt zu gehen und dein spirituelles Herz von allem alten Schmerz zu befreien. Vergebung bringt nicht nur Erleichterung für die Seele, sondern auch für den Körper, denn dieser leidet ebenfalls unter anhaltenden emotionalen Schmerzen und kann dies durch konkrete Symptome wie zum Beispiel Bluthochdruck, Fieber oder körperliche Schmerzen signalisieren. Verzeihen ist ein Akt der aktiven Lebensgestaltung, denn wir übernehmen damit wieder einen wichtigen Teil unserer Eigenverantwortung. Vergebung ist auch ein fundamental wichtiger Akt, in dem Heilung geschehen kann, denn wer wahrhaftig vergeben kann, verhindert, dass andere Menschen oder schlimme Erfahrungen dauerhaft Einfluss auf das eigene Leben und die eigene Gesundheit haben. Um die Vergebung im Herzen zu spüren, braucht jeder seine eigene Zeit, und es erfordert ein sehr sanftes und behutsames Vorgehen, damit der Schmerz vollständig gefühlt, angenommen und losgelassen werden kann. Es ist ein radikaler Akt der Selbstliebe.

Die Weisheit des Herzens empfangen

»Wenn du dich voll und ganz auf die Weisheit deines Herzens verlässt, wirst du nicht mehr woanders nach Antworten auf deine Fragen suchen müssen.«

Angebunden sein an die Quelle innerer Weisheit

Jeder Mensch möchte an seine innere Weisheit angebunden sein, und so streben viele danach, ihre Intuition zu schulen. Sie wollen nicht nur danach handeln, was ihnen ihr Verstand sagt, sondern auch ihrem Herzen folgen. Vielen Menschen fällt es aber sehr schwer, auf ihr Herz zu hören, weil sie gelernt haben, allein ihrem Verstand zu folgen. Doch erst aus der Verbindung von Kopf und Herz kann jene Intuition erwachsen, über die wir mit der Quelle innerer Weisheit verbunden sind.

Wenn du der Weisheit deines Herzens vertraust, wird das Universum dir ganz neue Wege eröffnen. Wenn du bereit bist, deinem Herzen zu folgen, fallen deine Entscheidungen im Leben oft anders aus, als wenn du sie allein über den Verstand treffen würdest. Manchmal sind sie sogar auf der Verstandesebene nicht zu erklären oder erscheinen außergewöhnlich mutig oder sogar riskant. Aber das Herz hat Zugang zu einem tieferen Wissen und steht in Verbindung mit einer inneren, kosmischen Weisheit.

Du kannst dich jederzeit der Liebe,
deiner natürlichen Herzenskraft, bedienen.
Liebe ist die stärkste aller Entwicklungskräfte.
Entdecke die Weisheit deines Herzens in dir selbst.

ÜBUNG 7:

Die innere Weisheit des spirituellen Herzens empfangen

Nimm zunächst wieder Kontakt zu deinem spirituellen Herzen auf – siehe Übung 1.

ANLEITUNG:

- *Um die Verbindung zu deinem Herzen herzustellen, lege bitte die rechte Hand sanft auf dein Herzzentrum.*
- *Die linke Hand kannst du geöffnet halten, um gleichzeitig die Energie aus dem universellen Bewusstsein als Unterstützung zu empfangen.*
- *Verbinde dich mit der Weisheit deines Herzens. Spüre, dass dein Herz seine eigene Weisheit und Intelligenz besitzt. Es trägt das Wissen eines alten Weisen in sich. Lasse dich vertrauensvoll von ihm und seinem Wissen, das jenseits des Verstandes liegt, zu dem, was gut und heilsam für dich ist, führen.*
- *Wenn du möchtest, sprich: »Ich vertraue der Stimme meines Herzens und lasse mich jetzt von ihr führen und leiten.«*

ERLÄUTERUNG:

Dem Kopf lässt sich vieles einreden, dem Herzen nicht. Es gibt immer dann einen Impuls, wenn es meint, dass es sein muss. Je öfter du diese Übung machst, desto stärker wird die Verbindung zur Weisheit deines Herzens. Erst wenn du mit deinem Herzen wirklich in Verbindung stehst, spürst du (wieder) besser, was dir guttut und was nicht. Nur mit dem Herzen kannst du wirklich fühlen und somit auch dein Denken und dein Handeln in Einklang bringen. Aus der Weisheit des Herzens heraus triffst du zu jeder Zeit die richtigen Entscheidungen, ziehst die richtigen Menschen und die richtigen Situationen in dein Leben – nämlich die, die deinem Lebensplan entsprechen und die zu deinem höchsten Wohle in dein Leben treten, damit du spirituelles Wachstum erfahren kannst. Wenn du zu sehr über eine Sache, ein Problem nachgrübelst und zu keiner Lösung, keiner Entscheidung kommst, dann befrage doch einfach dein Herz. Bestimmt kennt es die Antwort längst.

ÜBUNG 8: Dem Herzen eine Frage stellen

Nimm zunächst wieder Kontakt zu deinem spirituellen Herzen auf – siehe Übung 1.

ANLEITUNG:

- *Spüre, wann dein Körper entspannt ist und du ganz in deinem Herzen angekommen bist.*
- *Überlege dir eine Frage, die du deinem Herzen stellen würdest.*
- *Wenn du eine konkrete Frage hast, dann sprich sie still in Gedanken aus.*
- *Suche nicht nach einer Antwort im Geist, sondern lasse die Antwort direkt aus der Mitte deines Herzens kommen.*
- *Frage dein Herz, welche Qualität es braucht oder welche Qualität du entwickeln darfst.*
- *Wenn du möchtest, kannst du alle Impulse deines Herzens aufschreiben.*

TIPP

Wenn dir dein Herz vermittelt hat, welche Qualität gerade am wichtigsten ist oder du jetzt entwickeln darfst, schreibe sie auf. Herzqualitäten können sein: Achtsamkeit, Akzeptanz, Bedingungslosigkeit, Dankbarkeit, Demut, Eigenverantwortung, Hingabe, Humor, Frieden, Freiheit, Offenheit, Selbstachtung, Selbstliebe, Vertrauen, Vergebung, Wahrhaftigkeit, Willenskraft, Zugehörigkeit/Verbundenheit.

Du kannst auch einen Satz oder eine Affirmation daraus bilden und damit noch im Geiste arbeiten, z. B. »Ich bin dankbar für ... Ich öffne mein Herz für ... Ich bin in Frieden mit ... Ich erlaube mir, mich selbst zu lieben und zu achten ...« Je öfter du dir deine Herzqualität bewusst machst, desto mehr wird sie in dir gestärkt und steht dir so auch in zukünftigen Situationen zur Verfügung.

ÜBUNG 9: Aus dem Herzen schreiben

Besonders schön ist die folgende Schreibmediation, in der es nicht darum geht, perfekt zu formulieren oder auf korrekte Rechtschreibung zu achten. Es geht einzig und alleine um den Kontakt zu deinem Herzen und der dir innewohnenden Weisheit deines Herzens. Es ist ganz egal, ob du Stift und Papier oder auch dein Laptop benutzt. Sei gespannt, welche Botschaften dein Herz dir sendet.

Nimm zunächst wieder Kontakt zu deinem spirituellen Herzen auf – siehe Übung 1.

ANLEITUNG:

- *Suche dir einen angenehmen Platz, und lege dir Papier und einen Stift bereit.*
- *Schließe deine Augen, und komme mit deinem Herzen in Kontakt.*
- *Lege eine Hand auf dein Herz, spüre deinen Herzschlag und die Energie deines Herzens.*
- *Spüre in dein Herz hinein, und frage dich: »Was möchte mein Herz mir jetzt mitteilen?«*
- *Nimm den Stift in die Hand, und beginne, aus dem Herzen heraus zu schreiben.*

- *Lausche der Stimme deines Herzens, und lasse die Weisheit deines Herzens sprechen.*
- *Schreibe alle wichtigen Impulse und Erkenntnisse ungefiltert auf.*
- *Wenn du fertig bist, dann lies dir das Geschriebene noch einmal durch, und achte dabei auch auf deine Gefühle und deine Körperempfindungen.*
- *Wie fühlst du dich, wenn du liest, was dein Herz dir mitteilen möchte?*

TIPP

Wie wäre es, wenn du dir ein Herztagebuch zulegst? Darin kannst du alle Erfahrungen, die du machst, wenn du mit deinem Herzen kommunizierst, niederschreiben. Dadurch ist es dir möglich, deine Entwicklung leichter zu erkennen und nachzuvollziehen.

Heilung für den Körper bewirken

»Wenn du etwas ablehnst oder gegen etwas kämpfst,
wird es dich beherrschen.
Sobald du etwas annimmst und es sein lässt,
wie es gerade ist,
verliert es augenblicklich seine Macht über dich.«

Körperliche Schmerzen oder eine Krankheit mit Herzenergie versorgen

Eine Krankheit, egal, ob sie ein Organ, die Psyche oder den gesamten Organismus betrifft, ist der sichtbare Ausdruck eines unsichtbaren Prozesses. Wir werden darauf hingewiesen, dass etwas in uns nicht mehr in Ordnung ist. Krankheit bedeutet eine Beeinträchtigung des körperlichen und/oder seelischen Wohlbefindens und somit eine Abweichung von unserem normalen und natürlichen Zustand, der Gesundheit ist.

Wer mit einer Krankheit konfrontiert ist, stellt sich notwendigerweise die Frage nach deren tieferen Sinn. Krankheit sollte nicht als Strafe, sondern vielmehr als Chance zur Wandlung verstanden werden. Das Symptom ist ein Signal und dient somit als Informationsträger, denn es unterbricht durch sein Auftreten den Fluss des natürlichen und gesunden Lebens. Durch eine Krankheit sind wir aufgefordert, den Zustand, der uns zur Krankheit gebracht hat, zu verändern und die Harmonie und das innere Gleichgewicht wiederherzustellen.

Die Möglichkeit, eine Krankheit zu bewältigen und wieder vollständig gesund zu werden, hängt vor allem von den Grundüberzeugungen ab, die bezüglich einer Krankheit existieren. Selbstverständlich hoffen die meisten Menschen, wieder gesund zu werden – viele jedoch schränken ihren Heilungsprozess durch selbstbegrenzende und selbstzerstörerische Überzeugungen ein, gerade dann, wenn eine »unheilbare Krankheit« diagnostizierte wurde.

Sätze, die ich von Klienten immer wieder gehört habe, sind: »Meine Krankheit ist doch unheilbar«, »Mein Arzt hat mich als austherapiert entlassen«, »Ich habe schon so viel versucht, mir kann keine Therapie mehr helfen«, »Ich werde sowieso an der Krankheit sterben«, »Die Schulmedizin hat dazu keinen Therapieansatz«, »In meiner Familie haben fast alle diese Erkrankung«, »Ein Elternteil von mir ist auch daran gestorben«, »Ich werde auf jeden Fall Spätfolgen davon zurückbehalten«, »Nie wieder werde ich die Alte sein«, »Nie mehr werde ich mein Hobby ausüben oder Sport machen können«, »Ich werde immer mit den Schmerzen leben müssen«, »Ich werde nie wieder Lust am Leben haben können« usw.

Diese tief sitzenden Überzeugungen und Glaubenssätze sind, wie die Symptome einer Krankheit auch, manifestierte Informationen. Indem wir unsere Aufmerksamkeit auf etwas richten, gewinnt es an Kraft. Und die Energie folgt immer der Aufmerksamkeit.

Durch zunehmende Bewusstheit wird es erst möglich, sich von den begrenzenden Überzeugungen zu lösen und sich für alle Möglichkeiten – und somit auch für die eigene Heilung – zu öffnen. Es gilt, krank machende innere Bilder und Überzeugungen weitestgehend durch Bewusstwerdung zu entkräften und stattdessen neue, heilsame Informationen zuzulassen. Es kommt darauf an, sich bewusst für die Heilung zu entscheiden, und zwar mit allem, was dazugehört: die Verantwortung für die Gesundheit in die eigenen Hände nehmen, sich auf sein Herz und sein Bauchgefühl besinnen, darauf, was jetzt gut und richtig ist, und sich die Erlaubnis erteilen, Heilung zu erfahren. Dadurch werden oft ganz unerwartete Wendungen und tiefe Heilung möglich.

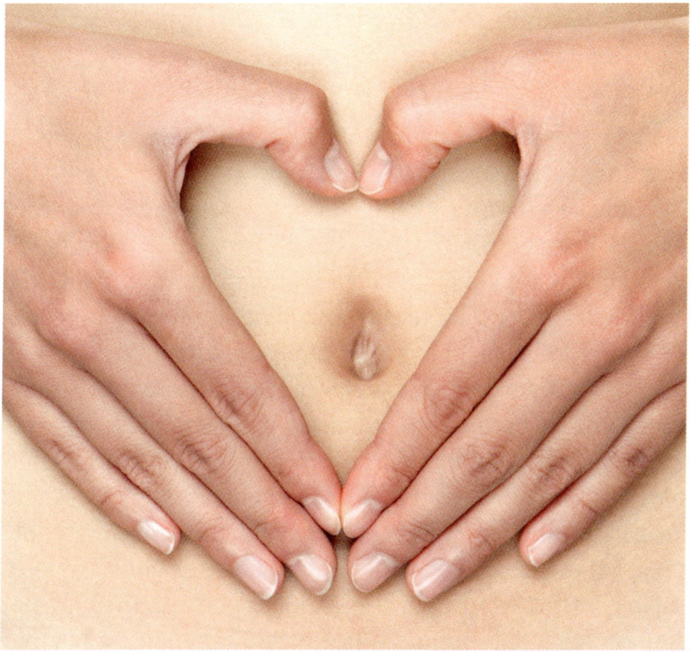

Schmerzen und Krankheiten annehmen, statt sie abzulehnen

»Betrachte deine Krankheit nicht als Feind, sondern mache sie zu deinem Freund. Als Verbündete schaut ihr dann gemeinsam, welche Botschaft sie für dich bereithält!«

Wer Gesundheit erleben möchte, der sollte bereit sein, die Ursachen, die ihn zur Krankheit geführt haben, zu verändern. Wenn wir in der Lage sind, jede Krankheit als Aufforderung zu verstehen, und willens sind hinzuschauen, was uns aus dem Gleichgewicht gebracht hat, beinhaltet sie die wunderbare Möglichkeit der Transformation.

Um Heilung zu erfahren, ist es unabdingbar, sich der Wahrheit zu stellen, sich ein Bewusstsein dafür zu schaffen, was uns in den Zustand der Krankheit gebracht hat, und die Bereitschaft zu entwickeln, alle notwendigen Veränderungen herbeizuführen. Eine wichtige Regel ist, die Krankheit und die Situation erst einmal so zu akzeptieren, wie sie sind. Natürlich ist das nicht leicht, aber ohne Akzeptanz kann keine Annahme stattfinden, und ohne Annahme dessen, was ist, ist Veränderung nicht möglich. Denn wie willst du deinen Zustand verbessern, wenn du die Krankheit negierst, schlimmstenfalls ablehnst oder versuchst, sie zu bekämpfen? Kampf bedeutet, sich aufzulehnen, in den Widerstand zu gehen, und das verbraucht unendlich viel Energie, die aber negativ besetzt ist. Zu kämpfen bedeutet, einen Feind zu haben. Das ist so, als würdest du Krieg gegen deinen Körper führen. Auch Sorgen und Ängste, die Krankheit nicht mehr loszuwerden, bringen dich nicht weiter, denn sie bewirken ein seelisches Ungleichgewicht. So entsteht ein Kreislauf.

Mache die Krankheit zu deinem Freund, verbünde dich mit ihr! Schaue, welche Botschaft sie für dich bereithält. Wichtig ist, die Krankheit zu akzeptieren und den Glauben an Heilung und Gesundung zu stärken. Die Erwartung, geheilt zu werden oder zumindest eine Besserung der Symptome zu erfahren, ist die Voraussetzung für Heilung. Wenn der Körper nicht von allein mit der Störung fertigwird und das Gleichgewicht nicht wiederherstellen kann, braucht der Geist einen Reiz von außen und das Gefühl, in eine bedeutungsvolle Handlung eingebunden zu sein. Um an den Placebo-Effekt zu erinnern: Zahlreiche Tests haben gezeigt, dass auch die Einnahme eines Scheinmedikaments biologische Prozesse im Körper auslöst. Das Gehirn schüttete körpereigene Endorphine aus, die eine schmerzstillende Wirkung haben.

Es ist, als gäbe es in uns eine allumfassende Intelligenz, die sehr genau weiß, welche körpereigenen Reaktionen notwendig sind, um das gewünschte Ergebnis zu erzielen. Das Gehirn nimmt lediglich die Handlung wahr und bildet somit ein Geflecht aus Aufmerksamkeit, Glaube, Vertrauen und Hoffnung auf Heilung. Es kann nicht von der Realität unterscheiden. Der Weg zurück zur Gesundheit bedeutet jedoch nicht, in den alten Zustand zurückzukehren, denn dieser hat uns ja krank werden lassen. Den Weg der Heilung zu beschreiten bedeutet, alle schädlichen Muster und Verhaltensweisen aufzudecken und zu verändern, weil diese uns ja letztendlich in Disharmonie gebracht haben. Somit ist Heilung niemals das Zurückkehren in den Zustand, in dem wir uns vor der Krankheit befunden haben!

ÜBUNG 10:

Mit der Herzenergie körperliche Schmerzen heilen

Nimm zunächst wieder Kontakt zu deinem spirituellen Herzen auf – siehe Übung 1.

- *Verbinde dich mit deinem Herzen, und bringe dich in den Zustand der reinen Herzenergie. Wenn du im Herzen angekommen bist, lege die Hände auf die schmerzende Stelle, und lasse deine Herzenergie, die LIEBE deines Herzens, in dein gesamtes Körpersystem fließen.*
- *Lege deine Hände jeweils für fünf bis zehn Minuten auf die schmerzende, erkrankte Stelle, und fühle, was sich dabei verändert. Vielleicht spürst du, dass der Schmerz anfangs zunimmt, aber dann immer mehr nachlässt und schließlich dort, wo vorher der Schmerz war, ein warmes, wohliges und befreites Gefühl entstanden ist.*
- *Wenn es dir angesichts starker Schmerzen schwerfällt, LIEBE aus deinem Herzen fließen zu lassen, dann stelle dir vor, wie du weißes Licht zu der betroffenen Stelle hinfließen lässt, um sie zu heilen. Das ist am Anfang oftmals einfacher. Nimm dir, sooft es geht, Zeit, um dich, deine Beschwerden oder die Krankheit mit LICHT und LIEBE zu versorgen – du wirst schnell spüren, es lohnt sich!*

BEENDEN DER ÜBUNG:

Wenn du spürst, dass dein Schmerz sich verändert hat, dass er idealerweise nachgelassen hat, beende die Übung. Du kannst sie aber jederzeit wiederholen. Du kannst dir auch einmal am Tag bewusst Zeit nehmen, um dich intensiv um deinen Schmerz oder deine Krankheit zu kümmern. Atme drei Mal tief ein und aus. Öffne deine Augen in deiner Zeit, und werde dir langsam deiner Umgebung bewusst.

ERLÄUTERUNG:

Die universelle Liebe heilt alles. Somit kannst du deine Herzenergie auf die Ursachen aller deiner seelischen, geistigen und körperlichen Probleme richten und diese in ihrem Ursprung heilen. Egal, ob es sich um Rückenschmerzen, Migräne, Schnupfen, ja, sogar um vermeintlich unheilbare Krankheiten wie Krebs oder Multiple Sklerose handelt, versorge einfach alle Blockaden, die Schmerzen und Krankheiten verursachen, regelmäßig mit deiner Herzenergie, mit deiner Liebe.

ÜBUNG 11:

Das Herz befragen, was zur Heilung benötigt wird

Wenn du mit deiner Krankheit oder der schmerzenden, erkrankten Stelle in Kontakt bist, kannst du auch die Weisheit deines Herzens befragen, was für die Heilung gebraucht wird.

Nimm zunächst wieder Kontakt zu deinem spirituellen Herzen auf – siehe Übung 1.

FRAGE DEIN HERZ:

- *Welche/s Gefühl/e liegt/liegen meinem Schmerz zugrunde?*
- *Welche/s Gefühl/e hat/haben mit der Krankheit zu tun?*
- *Was braucht/brauchen die Krankheit/die Schmerzen jetzt in diesem Moment?*

- *Welche Herzqualitäten können die Schmerzen/die Krankheit lindern bzw. heilen?*
- *Was kann ich noch aktiv für meine Gesundheit tun?*
- *Welche Verhaltensveränderung würde mir und meiner Gesundheit jetzt guttun?*
- *Welcher Weg führt mich zur Gesundheit zurück?*

WICHTIG:

Suche die Antworten nicht mit deinem Verstand, und versuche, nicht über eine mögliche Lösung nachzudenken. Lasse die Antworten aus der Mitte deines Herzens aufsteigen. Habe Vertrauen in die Weisheit deines Herzen, und übe dich darin, dich immer öfter von ihm anstatt von deinem Verstand führen zu lassen.

BEENDEN DER ÜBUNG:

Wenn du Antworten aus deinem Herzen erhalten hast, spüre, wie diese sich in deinem Körper anfühlen. Wenn sie ein Wohlgefühl in dir auslösen, dann versuche, die erforderlichen Schritte zu tun. Lasse dich von deinem Herzen auf dem Weg der Heilung begleiten.

ÜBUNG 12: Das Herz mit deinem Körper verbinden

Nimm zunächst wieder Kontakt zu deinem spirituellen Herzen auf – siehe Übung 1.

Eine Körpermassage ist etwas sehr Heilsames und Meditatives, weil wir über unsere Hände liebevolle Energie geben können. Die achtsame Berührung unseres Körpers beruhigt nicht nur unseren Geist, sondern bringt uns auch in die Mitte unseres Herzens. Eine achtsam ausgeführte Massage wird somit zur meditativen Erfahrung und zu einem heilsamen Ritual der Liebe. Gönne dir im Sinne deiner Selbstfürsorge eine Selbstmassage.

Setze dich dazu bequem hin, und lege deine geöffneten Handflächen sanft auf dein Herz. Schließe deine Augen, und lasse deinen Atem frei fließen. Spüre, wie du ruhiger wirst und immer mehr in deinem Herzensraum ankommst. Um mit deinem Herzen in Kontakt zu kommen, sprich dein Herz an: »Mein liebes Herz …«, und bleibe mit deiner Aufmerksamkeit in deinem Herzen. Nimm etwas warmes Öl (wenn du kein Massageöl zur Hand hast, kannst du auch Oliven- oder Sesamöl nehmen), und reibe dich dann ganz bewusst und liebevoll damit ein. Mache an den Knochen und Muskeln sanfte Streichungen, und umkreise die Gelenke zart. Massiere deinen Bauch sanft im Uhrzeigersinn. Spüre, wie sich deine Bauchdecke bei jedem Einatmen hebt und sich bei jedem Ausatmen wieder senkt. Lege immer mehr Achtsamkeit in deine Berührungen. Sei ganz sanft und liebevoll mit dir selbst. Versuche, die Verbindung zwischen deinem Herzen und deinen Händen wahrzunehmen, und spüre, was bei dir durch das Wechselspiel von achtsamer Massage und der Ausrichtung auf dein Herz in deinem Körper geschieht. Zum Abschluss kannst du deine Hände auf die Körperstelle legen, die gerade besondere Aufmerksamkeit und liebevolle Energie benötigt. Lasse die Liebe deines spirituellen Herzens und die Energie deiner Hände sanft in deinen Körper sinken.

Ein wunderschöner Weg in die Heilung,
ist der Weg in das eigene Herz.
Aus dem Herzen erwächst die Liebe,
sie ist unendlich und immer da.

Die Kraft des Herzens stärken

»Ein mitfühlendes Herz ist ein Geschenk
an das gesamte Universum:
Nur wer Mitgefühl für sich selbst entwickelt hat
kann auch jedem anderen Lebewesen
gegenüber mitfühlend sein.«

Universelle Liebe ist jenseits von Begrenzungen und Bewertungen

Jenseits unserer menschlichen Liebe schwingt die bedingungslose, universelle Liebe, die tiefste Verbundenheit mit allem, was ist. Wir sind mit allem verbunden: mit anderen Menschen, den Tieren, der ganzen Natur und mit einer höheren Kraft (Gott, Universum, Kosmos). In dieser universellen Liebe erfahren wir das Gefühl des Einsseins, das uns aus der tiefen Einsamkeit und der Isolation hinausführt, die so viele Menschen in sich tragen. Unser spirituelles Herz besitzt die Fähigkeit, bedingungslos zu lieben und sich hinzugeben. Im spirituellen Herzen ist die reine, universelle Liebe unserer Seele zu Hause. Aus dieser Liebe heraus gelingt es

uns, allen Lebewesen und allen Ereignissen mit wertungsfreier Akzeptanz zu begegnen.

Ein Mensch mit einem vollständig geöffneten spirituellen Herzen hat erkannt, dass die Quelle der bedingungslosen Liebe in ihm selbst liegt. Er folgt seinen wahren Gefühlen, vertraut seinen Empfindungen und lässt sich von ihnen führen.

Das spirituelle Herz öffnet uns den Zugang zur universellen Liebe, die jenseits von Freude, Schmerz und Angst vor Verletzung existiert. In dem heiligen Raum unseres Herzens ist die Liebe so stark, dass keine Schatten, keine Dunkelheit und kein Schmerz sie jemals beschädigen könnte.

Ein Mensch, der im spirituellen Herzen angekommen ist und es vollständig geheilt hat, fühlt die Einheit allen Lebens und ist fähig, die bedingungslose Liebe für sich selbst und andere Lebewesen zu empfinden. Er liebt, ohne die Erwartung zu hegen, etwas dafür zurückzubekommen. Er verschenkt seine Liebe nicht aus der Sehnsucht nach Anerkennung heraus oder aufgrund des Bedürfnisses, gesehen und geliebt zu werden. Dieser Mensch kann sich voll und ganz in ein anderes Lebewesen einfühlen und dessen wahren göttlichen Kern erkennen. Wenn das spirituelle Herz eines Menschen vollständig geöffnet ist, dann ist das für jeden deutlich spürbar, denn dieser Mensch hat einen besonderen Glanz, und seine Herzenswärme strahlt von innen heraus. Ich nenne solche Menschen gerne »Herzmenschen«. Es ist äußerst belebend, mit ihnen zusammen zu sein. Sie sind mitreißend, sie sprühen vor Energie und sind dennoch sehr feinfühlig und nehmen auch kleinste Veränderungen wahr. Sie erfreuen sich an Begegnungen mit anderen Menschen und auch Tieren, und ihre Herzensfreude wirkt geradezu ansteckend. Die Freude ihres Herzens ist nicht von äußeren Faktoren abhängig, sondern entspringt ihrer eigenen inneren Quelle. Sie können Liebe geben und empfangen, sie sind sensibel, berührbar und genießen echte Nähe, weil sie dadurch ihre Verbundenheit ausdrücken können. Aus diesem Gefühl der Verbundenheit heraus entsteht eine tiefe Dankbarkeit für alles, was ist. Sie sind mit ihrer eigenen inneren Wahrheit und der Weisheit ihres Herzens in Kontakt. Die daraus entstehende Verbindung zum Göttlichen ist so stark, dass sie aufhören, zu zweifeln, zu hinterfragen und zu misstrauen. Sie können auch akzeptieren, dass anderer Menschen eigene Wege gehen. Sich selbst gestehen sie auch die Freiheit zu, eigene Erfahrungen zu machen, um an ihnen zu wachsen. Herzmenschen sind gerne für andere da, und es ist ihnen ein Bedürfnis, dem großen Ganzen zu dienen. Nicht selten machen sie ihre (Hin-)Gabe zu ihrer Berufung und begleiten andere Menschen auf dem Weg zu sich selbst.

ÜBUNG 13:

Das spirituelle Herz mit bedingungsloser Liebe nähren

Nimm zunächst wieder Kontakt zu deinem spirituellen Herzen auf – siehe Übung 1.

ANLEITUNG:

- *Lege deine Hände auf dein Herzzentrum, und sage in Gedanken oder sprich laut, während du dich dabei auf dein Herzzentrum konzentrierst: »Ich bin in Resonanz mit der bedingungslosen Liebe.«*
- *Wenn es dir zu Beginn schwerfällt, dann denke nun an einen Moment in deinem Leben, in dem du tiefe Liebe gespürt hast. Suche dir eine Person (oder auch ein Tier), für die du bereits bedingungslose Liebe gefühlt hast.*
- *Erinnere dich daran, wie dieser Mensch (oder das Tier) dein Herz berührt hat. Führe dir den Moment vor Augen, als eure Herzen sich begegnet sind. Fühle noch einmal bewusst in diesen Moment hinein. Wie hast du dich gefühlt? Wie hat sich dein Herz gefühlt? Kannst du die bedingungslose Liebe wahrnehmen?*
- *Nimm das Gefühl wahr, und spüre, wie es sich jetzt sanft und liebevoll in deinem Herzen ausbreitet. Was fühlst du? Ist es angenehm? Wird es warm, kribbelt es, oder fühlt es*

sich an, als würde dein Herz weicher und sanfter werden? Wie ist die Energie in deinem Herzen? Wird sie größer, freier, kann sie sich mehr ausdehnen?

- *Bleibe einfach in dem Gefühl, das jetzt gerade deinem Herzen innewohnt – fühle einfach, ohne zu denken und zu urteilen! Sobald ein Gedanke in dir aufsteigt, der dich von dem Körpergefühl ablenkt, lasse ihn wie eine Wolke am Himmel vorüberziehen.*
- *Gehe einfach wieder in das Gefühl und in die Mitte deines Herzen zurück, bis es ganz ruhig und still in deinem Geist ist. Wenn du dann tiefen inneren Frieden und Glückseligkeit empfinden kannst, dann bist du in der BEDINGUNGSLOSEN LIEBE angekommen.*
- *Diese Liebe ist frei von jeglicher Erwartung und an keine Bedingung geknüpft, sie verurteilt nicht, sie wertet nicht, sie nimmt alles an, wie es ist, und lässt andere sein, wie sie sind. Sie gibt, ohne etwas zurückzuverlangen. Sie ist ungebunden, unabhängig, und sie verschenkt sich an alle. Spüre die Energie dieser gütigen und wohlwollenden Liebe, und versuche, so lange es dir möglich ist, dich in dieses Gefühl hineinfallen zu lassen. Erlaube, dass sich diese Energie ausdehnt, nach außen fließt, sich an alles, was lebt und existiert, verschenkt. Verweile in dem offenen Gewahrsein, so lange es dir beliebt.*

KURZE ERLÄUTERUNG:

Die BEDINGUNGSLOSE LIEBE ist die höchste Form der Liebe. Sie wertet nicht, sie urteilt nicht, und sie will auch nichts am anderen verändern. Stattdessen kann sie vollständig akzeptieren und annehmen, was ist. Ihr Fokus richtet sich immer darauf, den göttlichen Kern des anderen wahrzunehmen. Bedingungslos zu lieben bedeutet nicht, alles gut zu finden, was ein anderer sagt und tut, sondern es uneingeschränkt zu akzeptieren, nicht darüber zu urteilen. Wir erschaffen uns ein Großteil unserer Probleme, weil wir andere bewerten, sie ver-

urteilen oder ihnen ein Etikett verpassen. Wenn wir aus der Bewertung herausgehen können, dann öffnet sich der Raum für die bedingungslose Liebe.
Wenn es dir gelingt, bedingungslose Liebe in deinem Herzen zu fühlen, dann speichere das Gefühl in jeder Zelle deines Körpers und auf allen Ebenen deines Seins ab! Es ist wirklich ein wahres Geschenk, welches dich und dein Herz heilt. Wenn du es weitergeben möchtest, dann kommt es der Heilung der gesamten Erde zugute.

DANKE!

Wahres Mitgefühl kommt aus dem Herzen,
es ist die Essenz eines spirituellen Lebens.
Es schafft innere Verbundenheit, denn es beruht
auf der Wertschätzung und bedarf der
uneingeschränkten Bereitschaft,
zu fühlen und anzunehmen, was gerade ist.

Liebe und Wohlwollen in die Welt senden

»Wenn du die Möglichkeit hast,
ein anderes Lebewesen glücklicher zu machen,
indem du ihm Licht und Liebe aus deinem Herzen sendest,
solltest du nicht warten, fragen oder zögern,
sondern es einfach tun.«

Mettā – wohlwollende und liebevolle Güte für sich selbst und andere

Um zu wachsen, brauchen alle Wesen ein gewisses Maß an Liebe und das Wohlwollen von und die Verbundenheit mit anderen. Viele Menschen tragen das Gefühl des Getrenntseins in sich und suchen nach Möglichkeiten, dieses zu überwinden. Der Weg, die eigene Vollkommenheit zu spüren und das Einssein zu fühlen, ist der Weg in das eigene Herz.

Im Buddhismus wird das Empfinden von Güte und Wohlwollen (sich selbst und anderen gegenüber) in der Mettā-Meditation geübt. Mettā ist eine uralte buddhistische Meditationsform und bedeutet übersetzt so viel wie »liebende und wohlwollende Güte«. In einfachen Worten ausgedrückt bedeutet es, mit liebevoller und akzeptierender Aufmerksamkeit für jemand anderen da zu sein. Im buddhistischen Sinn sind mit der liebenden Güte das uneigennützige Schenken und das Verströmen von freundlichem Wohlwollen gemeint. Es ist der aufrichtige Wunsch, dass es allen Lebewesen gut gehen möge, dass niemand Leid und Schmerz erfahren möge und dass alle Wesen glücklich und in Frieden sein mögen.

Mettā zu praktizieren bedeutet, dass wir liebende Güte in unserem Herz erzeugen, um sie dann auf alle fühlenden Wesen auszuweiten. Wir sprechen in der Meditation Worte wie: »Möge ich gesund, glücklich und zufrieden sein. Mögest du gesund, glücklich und zufrieden sein. Mögen alle Wesen gesund, glücklich und zufrieden sein.« Das, was in unserem Geiste entsteht, die Worte, die wir sprechen, werden wie Samen in die Welt ausgesendet. Diese Samen fallen zu Boden, gelangen in die Erde, entwickeln dort Wurzeln und wachsen zu wundervollen Pflanzen heran. Je öfter wir Mettā praktizieren, desto mehr wird unsere Welt mit unserer Energie belebt, werden bestehende Pflanzen genährt und neue Samen gesät. Wenn es uns gelingt, Mettā zu entwickeln, verweilen wir in einem göttlichen Zustand.

Wer die Mettā-Meditation praktizieren möchte, muss den aufrichtigen Wunsch nach Glück – für sich und alle anderen Lebewesen – entwickeln. Je stärker und beständiger wir das tun, desto stabiler wird auch unser Geist, und der Glaube an die Erfüllung dessen, was wir uns wünschen, wird unerschütterlich. Indem wir gegenüber allen Lebewesen Mettā entfalten und ihnen Gutes wünschen, Gesundheit, Frieden, Glück usw., füllt sich unser eigenes Herz mit Glück und Frieden. Durch das Praktizieren von Mettā erfahren wir alles, was wir an Positivem aussenden, selbst als positives Gefühl in uns. Infolgedessen verschwinden auch Gefühle wie Hass, Wut, Rache, Neid, Missgunst und Geiz, die oft einem negativen Selbstbild zugrunde liegen. Es besteht kein Ver-

langen mehr danach, andere Lebewesen zu verlctzten, sie zu kränken oder ihnen Schaden zuzufügen. Wir wollen kein Leid, keine körperlichen Schmerzen oder emotionalen Verletzungen durch unachtsames Reden und Tun verursachen.

Wenn wir Mettā praktizieren, entwickeln wir im ersten Schritt liebevolle Güte und Wohlwollen für uns selbst, um diese dann im nächsten Schritt auf alle anderen Lebewesen auszudehnen. Für viele ist es ungewohnt, mit sich selbst zu beginnen, und einige empfinden das anfänglich als egoistisch. Mettā für andere kann aber nur aus Mettā für einen selbst fließen. Wenn es mir gut geht, geht es auch anderen gut. Der Umkehrschluss würde bedeuten: Wenn es dir gut geht, dann geht es auch mir gut. Wenn wir in der Nähe einer Person sind, deren Herz voller Mettā ist, werden wir von einem Gefühl der Liebe, der uneingeschränkten Akzeptanz und des Friedens durchdrungen. Wir fühlen uns in der Nähe dieses Menschen vollständig angenommen, wertgeschätzt und spüren das Wohlwollen dieses Menschen uns gegenüber. Es ist ein wahrer Segen, den wir erfahren können, wenn wir in der Nähe einer Person verweilen, die Mettā übt. Ich praktizieren Mettā sehr gerne innerhalb einer Gruppe, da sich die Wirkung und das energetische Feld, das aufgebaut wird, noch um ein Vielfaches verstärken, wenn mehrere Menschen gemeinsam Mettā praktizieren.

ÜBUNG 14:

Das spirituelle Herz für andere und die Welt öffnen

Nimm zunächst wieder Kontakt zu deinem spirituellen Herzen auf – siehe Übung 1.

- *Schließe deine Augen. Denke an eine Person, die dir wahre Liebe entgegengebracht hat. Wenn dir keine Person aus der Gegenwart einfällt, schaue, ob es eine Person aus der Vergangenheit gibt. Blicke auf dein Leben, und sieh, welche Person dir jetzt erscheint, die echte Liebe für dich empfunden und sich völlig uneigennützig um dein Wohlergehen gekümmert hat. (Dabei ist es egal, ob die Person noch lebt oder nicht.)*
- *Wenn du diese Person gefunden hast, konzentriere dich auf dein Herz. Visualisiere diese Person. Betrachte sie vor deinem inneren Auge. Schaue ihr so lange in die Augen, bis du das Gefühl der reinen, wahren Liebe in deinem Herzen wahrnehmen kannst.*
- *Du kannst für diese Person folgende Mettā-Sätze sprechen. Es ist nicht entscheidend, dass du die Sätze korrekt aussprichst, sondern dass du die Kraft jedes einzelnen Satzes in deinem Herzen fühlst:*

  - »Mögest du sicher und geborgen sein.«
  - »Mögest du glücklich sein.«
  - »Mögest du gesund sein.«
  - »Mögest du frei sein.«

- *Dann lasse dieses Gefühl aus deiner Herzmitte sich ganz langsam in deinem ganzen Körper ausdehnen. Spüre, wie jede Zelle deines Körpers von dieser Liebe durchflutet wird. Lasse das Gefühl durch deinen ganzen Körper fließen, bis dein ganzes Sein von der Liebe genährt und gesättigt ist.*
- *Nun kannst du die Mettā-Sätze auch für dich selbst sprechen:*

- »Möge ich sicher und geborgen sein.«
- »Möge ich glücklich sein.«
- »Möge ich gesund sein.«
- »Möge ich frei sein.«

- *Lasse dieses Gefühl sich mit jedem weiteren Atemzug noch weiter ausdehnen. Lasse die Kraft dieser liebevollen Güte zu deiner Familie, deinen Kindern, deinem Partner, deinen Freunden, deinen Tieren, deinem Geschäftspartner, deinem Chef, deinen Kollegen, deinen Kunden fließen.*
- *Dann kannst du die Mettā-Sätze für andere sprechen:*

  - »Möget ihr sicher und geborgen sein.«
  - »Möget ihr glücklich sein.«
  - »Möget ihr gesund sein.«
  - »Möget ihr frei sein.«

- *Sende die Energie der Liebe nicht nur zu Personen in deiner direkten Umgebung, sondern jetzt auch zu allen anderen Menschen, Nationen, Völkern und Regionen dieser Erde. Sende sie zu allen Tieren – den Tieren auf dem Land, im Wasser und in der Luft. Sende die Liebe allen Tieren, die noch leben, und den Tieren, die einst gelebt haben.*
- *Dazu kannst du die Mettā-Sätze für alle Wesen der Erde sprechen:*

  - »Mögen alle Wesen sicher und geborgen sein.«
  - »Mögen alle Wesen glücklich sein.«
  - »Mögen alle Wesen gesund sein.«
  - »Mögen alle Wesen frei sein.«

- *Sende deine Herzenergie in die gesamte Natur, zu den Pflanzen, den Bäumen, den Bergen, den Wäldern, den Meeren, den Flüssen und den Seen.*

- »Möge die gesamte Natur Reinigung und Heilung erfahren.«

- *Stelle dir vor, wie die ganze Erde jetzt mit der Kraft der reinen Liebe versorgt wird. Wenn es dir hilft, kannst du ein goldenes Gitternetz visualisieren, das um die ganze Erde gespannt ist und alles miteinander verbindet.*
- *Spüre, wie die Liebe und das Licht deines Herzens alle Lebewesen miteinander verbinden, sie nähren und heilen.*

- »Mögen sich die Herzen aller Wesen in Liebe und Frieden verbinden.«

- *Wenn du das Gefühl hast, dass die maximale Ausdehnung erreicht ist, beende die Übung. Mache einige Atemzüge, und komme mit deiner Aufmerksamkeit zurück ins Hier und Jetzt, in den Raum, in dem du dich befindest. Versuche, den Zustand des inneren Wohlwollens so lange wie möglich aufrechtzuerhalten.*

- »Möge mein Herz mit allem verbunden sein.«

ERLÄUTERUNG:

Den Tag mit Mettā zu erfüllen hat eine positive Wirkung auf Körper, Geist und Seele. Je mehr Wohlwollen in dir ist, desto leichter und freudiger fühlst du dich und umso weniger anfällig bist du für Ärger und Sorgen. Durch Mettā kannst du deine Herzenergie anheben. Alles, womit du in Verbindung stehst, kannst du mit der reinen, göttlichen Liebe versorgen. Egal, welchem Menschen du in deinem Alltag begegnest, du kannst ihm Mettā senden: »Mögest du glücklich sein.« Im Laufe eines Tages kannst du unzählige Male Mettā aussenden: beim Autofahren, auf der Straße, im Bus, beim Einkaufen, am Bahnhof, im Lokal oder Geschäft. Auch im Supermarkt, wenn du an der Kasse stehst, kannst du den anderen Menschen, die mit dir in der Schlange stehen, und der gestressten Kassiererin Mettā senden.

Sicherlich gibt es auch einige Menschen, von denen du weißt, dass es ihnen schlecht geht, dass sie krank sind und Kraft und Zuversicht benötigen. Auch wenn sie weiter entfernt von dir sind, in deinem Geist und in deinem Herzen sind sie gegenwärtig. Und so sendest du ihnen im Laufe des Tages immer wieder Mettā und wünschst ihnen, dass ihnen Heilung zuteilwerden möge und sie die Kraft und Zuversicht besitzen, das Leid zu ertragen, das sie erfahren: »Mögest du gesund sein.« – »Mögest du Heilung erfahren.« – »Mögest du frei sein von Schmerz und Leid.« – »Mögest du kraftvoll und zuversichtlich sein.«

Sende Mettā-Energie stetig weiter aus, sodass sie zu allem, was auf der Erde existiert, frei und kraftvoll fließen kann. Mache dir bewusst: Energie geht niemals verloren – und es ist genug für alle da! Energie kehrt immer zum Urheber/Erschaffer zurück, und so kommt die Energie, die du in die Welt aussendest, immer wieder zu dir zurück. Genieße das Gefühl des Gebens und Annehmens universeller Liebe, die uns alle miteinander verbindet. Spüre die Liebe zu den Menschen in deinem Leben, zu den Tieren, zur Natur, zum gesamten Universum. Fühle den Reichtum in dir, der sich vermehrt, wenn du ihn bewusst verschenkst.

ERGÄNZUNG: Mettā zur Aussöhnung und Vergebung

Natürlich kannst du auch Mettā praktizieren, wenn du mit einem Menschen im Unfrieden bist. Stelle dir die Person vor, die dir in der Vergangenheit Leid zugefügt hat. Lasse vor deinem inneren Auge die dich belastenden Erfahrungen aufsteigen. Sei bereit, Ablehnung, Widerwillen, Groll, Wut usw. gegenüber dieser Person und den Geschehnissen zu spüren. Mache dir bewusst, dass auch die Person unter der Tat und den Folgen ihrer Tat leidet, auch wenn du es nicht sehen kannst. Mache dir bewusst, dass dieser Mensch genau wie du glücklich und frei von Leid sein möchte. Spüre, wann in dir das Gefühl aus dem Herzen aufsteigt und du wahrnehmen kannst: »Ich bin bereit, dir zu verzeihen.« – »Ich verzeihe dir jetzt.«

Wenn es dir nicht gleich möglich ist, für die Person Mitgefühl und liebende Güte zu empfinden, hilft es dir vielleicht, wenn du dir diese Person als kleines Kind vorstellst, das auf der Suche nach Glück ist, oder als alten, kranken Menschen, der auf der Suche nach Erlösung ist.

Für diese Person kannst du dann folgenden Mettā-Satz sprechen:

- »Mögest du frei sein von Leid und dessen Ursachen.«

Falls du immer noch kein von Herzen kommendes Mitgefühl entwickeln kannst, belasse es erst einmal dabei, und sprich/fühle für dich selbst:

- »Möge ich irgendwann in der Lage sein, diesem Menschen Mitgefühl entgegenzubringen.«

Konzentriere dich noch einen Moment lang auf dein Herz, und spüre, wie die Kraft dieses Satzes und das Mitgefühl für dich selbst deinen Geist klären und dein Herz öffnen.

ERLÄUTERUNG:

Bei der Mettā-Meditation mit Personen, zu denen du ein schwieriges Verhältnis hast, geht es nicht darum, vergangene Taten zu verdrängen, sondern sie durch eine wohlwollende und gütige Haltung zu wandeln, um sie nicht länger als schädlich wahrzunehmen. Mettā fließt immer frei aus dem Herzen – ohne jeden Druck und ohne jede Anstrengung. Liebe und Mitgefühl zu schulen ist ein lebenslanger Prozess, der Vergebung ermöglicht und innere Freiheit und tiefen Frieden schenkt.

Ein **geöffnetes Herz** legt alle Potenziale frei.
Sei fröhlich, offen und **mitfühlend** mit dir selbst,
mit anderen und der Welt.
Entfalte universelle Liebe
auf allen Ebenen deines Seins: JETZT.

Nachwort

In diesem Buch geht es darum, wie man sein spirituelles Herz von alten Verletzungen und Wunden heilen und einen neuen Zugang zu ihm und seiner Kraft gewinnen kann. Alles Wissen, das ich hier zusammengetragen habe, habe ich durch meine Lehrer erfahren, die mich in schweren Krisen unterstützt, gestärkt und geheilt haben.

In meiner Arbeit mit Menschen durfte ich vielfach erleben, was möglich ist, wenn wir mit unserem spirituellen Herzen in Berührung kommen. Daraus sind eigene Ansätze wie die spirituelle Herzheilung und die achtsamkeitsbasierte Herzensbildung entstanden, die ich in der Arbeit mit Klienten anwende. In meinen Seminaren ist es mir immer ein besonderes Anliegen, Menschen zu ihrem spirituellen Herzen zu geleiten. Auf dem Weg dorthin unterstütze ich sie dabei, emotionale Blockaden und Belastungen, die sie daran hindern, ihr Herz zu öffnen, sanft und liebevoll aufzulösen.

Mein Wunsch:

Mögen immer mehr Menschen ihr spirituelles Herz als wichtigste Instanz zur Verbindung von Körper, Geist und Seele entdecken und sich für ein bewusstes, gesundes und glückliches Leben entscheiden. Mögen die Menschen sich stets um das eigene Wachstum und die Verbundenheit mit anderen bemühen. Mögen die Menschen sich selbst vertrauen und der Wahrheit ihres Herzens folgen. Mögen sie erkennen, welche Kraft ihrem Herzen innewohnt, und mögen sie die Weisheit ihres inneren Heilers stets zurate ziehen. Mögen wir uns um eine echte Verbindung von Herz zu Herz bemühen, um das Gefühl des Einsseins zu erleben. Möge jeder ein Stück dazu beitragen, dass die Erde ein l(i)ebenswertes Zuhause für alle Wesen ist.

Danksagung

Ich danke meinen Eltern, die mir mein Leben geschenkt haben, meinem Mann, meiner Tochter und meinen Freunden, die immer für mich da sind, und ganz besonders meiner Patentante Christiane, die mich seit meiner Kindheit auf meinem spirituellen Weg begleitet und unterstützt hat und mir immer wieder Mut gemacht hat, auf mein Herz zu hören und mich auf das Wesentliche auszurichten. Durch eigene Schicksalsschläge habe ich gelernt, dass es ohne Leid keine Freude gibt und dass wir positive wie auch negative Erfahrungen brauchen, um an ihnen zu wachsen. Ich habe gelernt, dass Krankheiten und Krisen wichtig sind, um aus ihnen zu lernen, dass man sie als Chance verstehen sollte, etwas zu verändern und um zum wahren, inneren Kern zu gelangen. Ich bin damals dem Ruf meines Herzens gefolgt und habe meinen sicheren Beruf aufgeben, um meiner Berufung zu folgen. Seit 2008 begleite ich Menschen und bin dankbar, dass ich mein Wissen und meine Erfahrungen auch in meinen Büchern weitergeben darf. Daher geht mein ganz besonderer Dank an Markus und Heidi Schirner für ihr Vertrauen und meiner Lektorin Claudia Simon für die gute Zusammenarbeit.

Ich bin dankbar, dass dieses Buch
den Weg zu dir gefunden hat!

Die Autorin

Sandra Waldermann-Scherhak ist Heilpraktikerin Psychotherapie, Achtsamkeitspraxislehrerin und geht den bewussten Weg der spirituellen Entwicklung. Durch eine Vielzahl von Ausbildungen und Seminaren erweiterte sie stetig ihr Wissen.

Seit 2008 bietet sie in ihrer eigenen Praxis Hilfe suchenden Menschen psychologisch-spirituelle Lebenshilfe an. Während ihrer Tätigkeit als Therapeutin konnte sie immer wieder die Erfahrung machen, dass Menschen im Laufe ihres Lebens zu stark im Denken verhaftet sind und dabei den Kontakt zu ihren Gefühlen verloren haben.

Die Essenz ihrer Arbeit liegt vor allem darin, Menschen zu ihrem eigenen Herzen zu führen und dort vorhandene emotionale Blockaden sanft zu transformieren. Neben Einzelsitzungen, Coachings, Seminaren und Workshops, gibt sie auch Retreats im Kloster und arbeitet u. a. erfolgreich mit systemischen Matrix-Aufstellungen, Quantenheilung sowie Ho‘oponopono und entwickelte eigene Ansätze zur spirituellen Herzheilung und achtsamkeitsbasierten Herzbildung.

– ALL ARE WELCOME –

Sandra Waldermann-Scherhak
Zentrum für Achtsamkeit und Herzensbildung
Holterhöfe 15 | 47877 Willich
www.waldermann.com | www.achtsamkeits.center
Seminare und Workshops unter: www.s-center.de

Bildnachweis

Alle Grafiken von www.shutterstock.com

S. 10: # 225785809 (Suzanne Tucker), S. 13: # 208817080 (Suzanne Tucker), S. 14: # 97696829 (Sergey_Bogomyako), S. 16: # 210779581 (Suzanne Tucker), S. 18: # 153915122 (Elena Elisseeva), S. 20: # 184265696 (Annette Shaff), S. 21: # 55067665 (Andrea Haase), S. 22: # 109330286 (stockcreations), S. 24, 114: # 18215923 (Natalia Klenova), S. 25: # 218070889 (HTeam), S. 26: # 68082724 (Pablo Scapinachis), S. 28, 76, 90, 92: # 167730539 (Yellowj), S. 29: # 186549593 (nito), S. 31: # 230715874 (Olga Bogatyrenko), S. 34: # 238058353 (jalcaraz), S. 36: # 3284113 (Tomasz Markowski), S. 40: # 160669856 (wavebreakmedia), S. 41: # 199711289 (wavebreakmedia), S. 43: # 258012110 (Buffy1982), S. 44, 45: # 93721396 (isak55), S. 47: # 92746549 (Petar Paunchev), S. 48: # 64173133 (benik.at), S. 50: # 240185032 (lzf), S. 52: # 169246616 (asharkyu), S. 54: # 133990751 (Romolo Tavani), S. 56: # 176596886 (TaraPatta), S. 59: # 167265149 (Petar Paunchev), S. 61: # 149892923 (Carlos Amarillo), S. 63: # 25515565 (STILLFX), S. 65: # 146914229 (In Green), S. 69: # 170147990 (AnjelikaGr), S. 71: # 114897520 (Elena Schweitzer), S. 72: # 244651840 (Andrekart Photography), S. 75: # 118689574 (Milles Studio), S. 77: # 116344000 (Alexander Demyanenko), S. 78: # 156097865 (CHAINFOTO24), S. 80: # 212329705 (StepanPopov), S. 83: # 262518428 (Cyrustr), S. 87: # 62416606 (Stephanie Barbary), S. 89: # 261642596 (Nelosa), S. 91: # 236420179 (FWStudio), S. 95: # 146387132 (Maridav), S. 98: # 156474710 (TAGSTOCK1), S. 100: # 199558280 (stickasa), S. 102: # 112711654 (Creativemarc), S. 104: # 184478279 (Melpomene), S. 106: # 221010295 (olakumalo), S. 111: # 151877228 (Camilo Torres), S. 116: # 211778869 (altanaka), S. 119: # 238595593 (Arthimedes), S. 120: # 94064338 (2jenn)

Hintergrund:
75489637 (Alkestida), # 116311816 (Omelchenko), # 171198185 (antart), # 65660917(Igor Kovalchuk)

Dekoelemente (Herzen):
171090002 (LYekaterina), # 171090017 (LYekaterina), # 165693620 (LYekaterina), # 247400464 (Red_Spruce)

Ebenfalls von der Autorin erschienen im Schirner Verlag

Die CD zum Buch:

Sandra Waldermann-Scherhak
Spirituelle Herzheilung
Entdecke und heile den heiligen Raum deines Herzens
Geführte Meditationen
Digipak, ca. 47 Min.
ISBN 978-3-8434-8289-9

Das spirituelle Herz ist das tiefste und heiligste Energiezentrum, das unserem Emotional- und Energiekörper innewohnt. Es sehnt sich nach Wachstum, Verbundenheit und bedingungsloser Liebe. Die geführten Herz- Meditationen unterstützen den Hörer dabei, sein Herz sanft von alten Belastungen und emotionalen Blockaden zu befreien und es so wieder an die universelle Energie anzubinden.

Sandra Waldermann-Scherhak
Buch:
Das Herzresonanz-Prinzip
Empfange, was in deinem Herzen wohnt
112 Seiten
ISBN 978-3-8434-5098-0

Sandra Waldermann-Scherhak
Kartenset:
Das Herzresonanz-Prinzip
Empfange, was in deinem Herzen wohnt
56 Karten mit Anleitung
ISBN 978-3-8434-9060-3

Sandra Waldermann-Scherhak
Hand auf dein Herz
12 Übungen, mit denen du die Weisheit deines Herzens findest
96 Seiten
ISBN 978-3-8434-5088-1